www.tredition.de

AF204216

Ingrid & Werner Gansl

www.tredition.de

© 2017 Ingrid & Werner Gansl

Verlag: tredition GmbH, Hamburg

ISBN
Paperback: 978-3-7439-0526-9
Hardcover: 978-3-7439-0527-6
e-Book: 978-3-7439-0528-3

Printed in Germany

Vorwort

Die Autoren sind beide 65 Jahre alt, miteinander verheiratet und leben in einem niederbayrischen Marktflecken. Sie wollen zeigen, dass die „Masse" Flüchtlinge aus Individuen besteht, die alle ein Schicksal hinter sich haben und mehr oder weniger liebenswert sind. Gleichzeitig berichten die beiden über ihre positiven und negativen Erfahrungen mit Mitbürgern und Behörden. Alle Personen und Orte existieren ganz real, deren Namen allerdings wurden frei erfunden.

Eigentlich war ein bisschen Deutschunterricht angedacht....

Spätestens ab Mitte 2014 konnte man täglich von Flüchtlingen in sämtlichen Medien hören und lesen. Ihr Zustrom nach Deutschland erfolgte noch in geordneten Bahnen, es kristallisierte sich jedoch schon heraus, dass unsere Kommunen und Behörden heillos überfordert waren.

Damals wollte ich mich schon als freiwilliger Helfer einbringen, allerdings gemeinsam mit meinem Mann. Es war mir aber wohl bereits zu der Zeit klar, dass dieses Engagement viel Zeit erfordern würde und ohne Mitwirken des Partners nicht zu realisieren wäre.

Eigentlich wollte ich nie mehr unterrichten. Ich bin von Beruf Lehrer und wurde vor ein paar Jahren vorzeitig in den Ruhestand versetzt. Zwar hatte ich viele, viele Jahre große Freude an meinem Beruf, war, so behaupte ich, sehr engagiert und den Schülern zugetan, war fast immer Vertrauenslehrer... Vielleicht drei, vier Jahre vor meinem Ausscheiden änderte sich das allerdings: Das Schlüsselerlebnis war eine Bedrohung durch einen Schüler, dazu kam dann eine stetig anwachsende Zahl von „'Ich-will-einmal-HartzIV-werden'-Schülern". Ich ver-

stand viele Schüler nicht mehr (vielleicht auch umgekehrt) – ich bekam das bekannte Burn-Out-Syndrom, und auf Anraten von verschiedenen Ärzten und Bitten meiner Frau Ingrid sträubte ich mich dann letztendlich nicht gegen eine Frühpensionierung. Ca. ein Jahr lang verdrängte ich Nachrichten und Berichte über Flüchtlinge, reagierte nicht auf behutsame „Anschübe" von Seiten meiner Frau. Gegen Ende des Jahres 2014 aber konnte ich langsam nicht mehr in den Spiegel sehen, und so kam es endlich dazu, was Ingrid schon lange vorhatte: Wir stiegen gemeinsam in das „Asyl-Geschäft" ein. Man soll eben nie „Nie!" sagen!!

Werner war also schließlich bereit, diese neue Herausforderung gemeinsam mit mir anzunehmen.

Wir wussten nicht recht, wie wir diese Aufgabe angehen sollten und nahmen deshalb Kontakt zum hiesigen Bürgermeister auf. Ein Termin Anfang Januar 2015 mit ihm, einem Vertreter der Caritas sowie vor allem mit bereits drei vor Ort engagierten freiwilligen Deutschlehrern wurde anberaumt und erste Kontakte zu den Asylbewerbern wurden vereinbart.

Zuerst machten wir uns mit dem Deutsch-Unterrichtsangebot in unserer Gemeinde Rassnach vertraut. Ca. 120 Asylbewerber aus den unterschiedlichsten Herkunftsländern (darunter viele Schwarzafrikaner) und auf unterschiedlichstem sprachlichen

Niveau galt es zu betreuen. Kein Problem, dachten wir: Wir sprechen Englisch, Französisch, Italienisch und auch etwas Spanisch; wer also, wenn nicht wir?

Drei Leute, allen voran Franziska, Krankenschwester, ,Dr. Manuel', ein pensionierter hoher Finanzbeamter, sowie Elfriede hatten schon gute Vorarbeit geleistet und eine stattliche Anzahl an Asylbewerbern für ihren Unterricht begeistern können.

Hier konnten wir also einsteigen und unsere Hilfe anbieten. Die Unterkunft für Asylbewerber in Oberstätten (ein Ortsteil von Rassnach), wo Franziska unterrichtete, so oft es ihr enger Zeitplan als ,Schichtarbeiterin' im Krankenhaus 50 km vom Wohnort entfernt erlaubte, war vollgepflastert (im positivsten Sinne) mit Bildern und Transparenten: deutsche Wörter, Grammatik, Telefonnummern von Ärzten, Notrufnummern, etc.

Dr. ,Manuel' hatte in Rassnach alles bestens im Griff. Er erteilte nicht nur Deutschunterricht, sondern engagierte sich auch in anderer Hinsicht, z.B. Besorgung dringend benötigter Kleidung, Bemühung um sinnvolle Freizeitgestaltung usw. Da er, bis dahin ganz alleine unterrichtend, logischerweise nur ein bestimmtes Niveau bedienen konnte, hatte er sich für die sprachliche Förderung der „Fortgeschrittenen" entschieden.

Schnell erkannten wir, dass wir mit unserem Unterrichtsangebot neue Wege gehen konnten. Wir sahen die Notwendigkeit zu differenzieren. Wenn jeder von uns zwei bis drei Mal wöchentlich Unterricht anbieten würde, könnten wir effektiv mit kleinen, homogenen Gruppen arbeiten, Werner in Rassnach, ich zunächst in Oberstätten.

Es war anfangs schwierig, einen geeigneten Raum in Rassnach zu finden. ‚Dr. Manuel' hatte seinen Unterricht in der dortigen Unterkunft im Flur gehalten. Hier war aber auch die ‚Küche', und es war sehr eng und dunkel. Deutschlernen wurde also immer von Kochgeräuschen, Kochdünsten und neugierigen Mitbewohnern begleitet.

Ingrid und ich versuchten ein Klassenzimmer in der Schule zu bekommen. Das scheiterte vornehmlich aus zwei Gründen: Erstens verfügt die hiesige Schule über eine Schließanlage, die während der Ferien nicht aktiviert wird, und zweitens gab es die Bedenken, dass, sollte etwas aus den Klassenzimmern verschwinden, automatisch die Asylbewerber zum Sündenbock gemacht würden.

Letztendlich stellte uns die Gemeinde die Küche in einem gemeindeeigenen Mehrzweckgebäude zur Verfügung. Wir bekamen eine ausrangierte Schultafel, einen Overheadprojektor und zwei Stellwände. Wasser war auch da, also für unsere Bedürfnisse perfekt.

Ich kann mich zwar an das genaue Datum nicht erinnern (leider habe ich erst vor kurzem von mir geführte Listen und Aufzeichnungen „entsorgt") - es war jedenfalls Anfang März 2015, als ich mich mit Sebastian, dem Asylberater der Caritas, in der Unterkunft in Rassnach traf. Er hatte für zehn Uhr acht Asylbewerber zusammengetrommelt, die seiner Ansicht nach in meinen „Anfängerkurs" passten - drei aus Afghanistan, drei aus Mali, einer aus dem Senegal und einer aus Sierra Leone, alles junge Männer zwischen 18 und 33 Jahren. Als ich mir ihre Namen aufschreiben wollte, gab es gleich das erste Problem: Ich verstand die Namen nicht, einige konnten diese nicht einmal schreiben. Aber nachdem am Ende alle ihre Ausweise, also ihre Aufenthaltsgestattung, vorgelegt hatten und ich so die Namen vor Augen hatte, zogen wir gemeinsam los Richtung „Schule" (so wurde ab sofort die Küche in dem vorhin erwähnten Gebäude genannt und hat diesen Namen bis heute behalten). Und das ist so ein Bild, das sich in meinen Kopf eingebrannt hat: Skeptisch beäugt von den wenigen Passanten gehen wir im „Gänsemarsch" den Marktplatz hinunter, allesamt wahrscheinlich ziemlich gespannt darauf, was das nun werden soll.

Auch ich wollte den Unterricht aus den Unterkünften in eine ‚Schule' verlagern. Elfriede unterrichtete bereits im Gruppenraum der Feuerwehr in Oberstätten. Das Problem dort war aber, dass der Raum verschiedenen Vereinen zur Verfügung stand und nicht immer sauber hinterlassen wurde. So musste ich vor meinem Unterricht am Samstag immer erst die (halb)leeren Bier- und Schnapsflaschen, dreckigen Gläser usw. wegräumen, die die Landjugend am Freitagabend zurückgelassen hatte. Eseyas, ein kleiner ‚Putzteufel‘ aus Eritrea, der oft schon vor mir da war, kehrte die verschütteten Chips zusammen und wischte die klebrigen Tische und den Fußboden sauber. Ein weiterer Nachteil war, dass Tische und Stühle jedes Mal vor dem Unterricht aufgebaut und danach weggeräumt werden mussten. Eigentlich kein Thema, das machten unsere ‚Asylis‘ sowieso ohne Aufforderung. Es gab aber nicht genügend Tische und so saßen die Leute so gedrängt, dass kaum Platz für Hefte und Bücher war. Auf Dauer wollte ich diese Zustände nicht ertragen und vor allem die Asylbewerber nicht die Drecksarbeit für die deutschen Jugendlichen, die eigentlich Vorbild hätten sein sollen, machen lassen.

Ein großes Problem in Oberstätten war, dass die Schüler anfangs kamen, wann sie wollten. Einige waren immer sehr pünktlich, andere erschienen teilweise erst eine Viertelstunde vor Unterrichtsschluss. Elfriede sah das sehr gelassen, da ja „die Busse in Afrika auch erst fahren, wenn sie voll sind“, und wir froh sein müssten, wenn unser Deutschunterricht überhaupt angenommen würde. Das widersprach allerdings meiner Überzeugung total, sollten doch die Flüchtlinge in den deutschen Arbeitsmarkt mit der Forderung nach absoluter Pünktlichkeit integriert werden. Ich sperrte also die Haustüre ab, sobald der Unterricht begann. Wer aber Tausende Kilometer Flucht hinter sich hat, nimmt diese Hürde mit links. Schnell wurde der Weg an die Rückseite des Gebäudes zu den Fenstern gefunden und dort geklopft. Also musste ich erst einmal Erziehungsarbeit leisten, das heißt durch pünktliches Erscheinen Respekt vor meiner Arbeit zu zeigen, zuerst mich als Frau zu grüßen, Türen aufzuhalten etc. Dankbar nahmen die Schüler diese Benimmregeln an, halfen sie ihnen doch auch im Alltag weiter.

Als der von den Asylbewerbern äußerst geschätzte ‚Dr. Manuel' dann schwer erkrankte und seine Arbeit nicht mehr fortführen konnte, entschloss ich mich nach Rassnach, unserem Wohnort zu wechseln. Somit hatten sowohl Oberstätten als auch Rassnach je zwei Deutschlehrer.

Ich hatte nun in Rassnach wie auch schon vorher in Oberstätten zwei verschiedene Gruppen, Anfänger mit wenig Deutschkenntnissen und Fortgeschrittene, die gerne mehr gefordert sein wollten. Schnell zeigte sich, dass die einzelnen Asylbewerber sich in einer einigermaßen homogenen Gruppe wohler fühlten als in einer Gruppe, wo die Schere weit auseinander geht. So dauerte es auch nicht lange, bis die Asylbewerber aus Oberstätten den vier Kilometer langen

Weg nach Rassnach in Kauf nahmen um zusätzlich hier am Unterricht teilzunehmen.

Von Anfang an hatte ich meinen Unterricht um zehn Uhr vormittags angeboten. Entgegen Elfriedes Meinung (,Da schlafen die doch noch') waren meine Schüler froh, aufstehen zu dürfen und eine Aufgabe zu haben.

Unsere Schüler konnte man immer gut auf der Straße erkennen. Dank der hiesigen Sparkasse hatten wir sie als erstes mit roter Stofftasche, Block, Kugelschreiber, Bleistift und Radiergummi ausgestattet. Ausrangierte Leitzordner bekamen wir von der Gemeinde. Die Lehrbücher erhielten wir kostenlos über die Freiwilligenagentur (ein kommunales Netz von Ehrenamtlichen), sofern wir mindestens fünf Personen mindestens 90 Minuten pro Woche unterrichteten. Beide Voraussetzungen konnten wir locker erfüllen.

Natürlich war nach 90 Minuten nicht Schluss. ,Unsere' Asylbewerber hatten immer noch mehr auf dem Herzen: amtliche Schreiben, die sie nicht verstanden, Vorladungen zu Terminen bei Rechtsanwälten, im Landratsamt etc., leider nur sehr sporadisch Termine beim BAMF (Bundesamt für Migration und Flüchtlinge) zum sogenannten Interview, also der Anhörung zu ihren Fluchtgründen. Die Termine beim BAMF stellten sowohl Betroffene als auch uns Helfer vor große Probleme, da sie immer auf acht Uhr morgens in München anberaumt waren. Unmöglich, das vom mindestens 100 km entfernten Rassnach zu schaffen! Der früheste Bus in die 15 km entfernte Kreisstadt geht um sechs Uhr, mit dem Zug nach München Hauptbahnhof dauert es eine weitere Stunde und von dort zum BAMF......

Deshalb empfahlen wir den ‚Geladenen‘ immer schon am Vorabend nach München zu fahren und bei Freunden dort zu übernachten um am nächsten Tag pünktlich im BAMF zu sein.

Trotzdem wurden einige Asylbewerber am späten Nachmittag wieder ‚nach Hause‘ geschickt, weil zu viele Personen einbestellt worden waren. Das heißt: neuer Termin in ..... Wochen, ohne Gewissheit, dass es das nächste Mal klappen würde.

Befremdlich für uns ‚Insider‘ war, ständig in der Presse zu lesen, dass Anhörungen sehr zeitnah, also innerhalb weniger Wochen nach Stellen des Asylantrags behandelt würden. Vor Ort mussten wir miterleben, dass die Mehrheit der Asylanträge bis zu teilweise drei (!!!) Jahren unbearbeitet beim BAMF lag. Wir konnten die Frustration bei den Flüchtlingen nachvollziehen, fühlten doch auch wir uns durch die geschönten Zahlen mehr als vera......t.

In der „Schule“ angekommen, stelle ich mich zunächst einmal vor. Da gibt's aber gleich die erste Schwierigkeit: Wie erkläre ich den Unterschied zwischen Vorname und Familienname? „Du: Fatah, ich: Werner““ ist die Lösung. Es stellt sich nämlich heraus, dass drei Leute noch nie (!) eine Schule besucht haben, dass sie weder lesen noch schreiben können – auch nicht in ihrer eigenen Sprache. Die zwei Analphabeten aus Mali verstehen zwar „Französisch" (ein Französisch, das ungefähr genau so viel zu tun hat mit der Hochsprache wie der Bayerwalddialekt mit Hochdeutsch), der Analphabet aus Afghanistan aber versteht außer seinem Farsi gar nichts – und Farsi kann ich nun wirklich nicht.

Diese Schwierigkeit wird mich in den ersten Monaten begleiten. Ich habe als „gelernter" Lehrer auch schon in ersten Klassen unterrichtet, kenne mich mit dem Unterrichten von Analphabeten also ein bisschen aus. Es gibt hierzu jetzt aber einen großen Unterschied: Wenn ich in einer deutschen 1. Klasse am ersten Schultag sage, die Kinder sollen einen Stift in die Hand nehmen, verstehen sie das, auch wenn sie noch nicht lesen können. Das ist bei meinen "Asylis" (ich werde sie, wenn auch politisch nicht korrekt, für mich weiterhin liebevoll so nennen) jetzt anders: Sie verstehen nur „Bahnhof", ich (oder einer, der es verstanden hat) muss alles vormachen – und das dauert!

Es dauert auch, bis man einem Afrikaner, der noch nie ein Blatt beschrieben hat, das Einordnen von Arbeitsblättern in einen Ordner beigebracht hat – und die, die schon in einer Schule waren, waren es bis dahin gewöhnt, ein Blatt (oder einen Teil davon!) möglichst klein zu falten und in die Hosentasche zu stecken.

Und es gibt noch andere Anfangsprobleme, die behoben werden müssen. Da wäre zunächst einmal die Pünktlichkeit. Alle meine neuen Schüler haben schon bis zu anderthalb Jahren beschäftigungslos in der Unterkunft „dahinvegetiert", sie wollen unbedingt teilnehmen, sie sind „bildungshungrig". Mit Händen und Füßen (ich weiß jetzt, wozu sie gut sind!) erkläre ich, dass ich bei Unterrichtsbeginn das Gebäude abschließen werde, da ja jeder, der zu spät kommt, die anderen stört. Und ich ziehe das auch die ersten Wochen wirklich durch. Anfangs steht schon mal einer draußen - vielleicht hat er es auch bei meiner Erklärung nicht richtig verstanden: jedenfalls hat diese Maßnahme Wunder bewirkt. Ich habe nie mehr wieder Probleme mit Unpünktlichkeit gehabt - und meinen Schülern musste ich später nicht lange klar machen, dass in Deutschland der Bus zur angegebenen Zeit abfährt, dass bei der Arbeit Pünktlichkeit selbstverständlich erwartet wird....

Den Unterricht verlege ich vom Vormittag auf den frühen Abend (zunächst zwei Mal, dann drei Mal pro Woche): Erstens passt mir das besser in meinen Tagesablauf, und zweitens können so auch diejenigen daran teilnehmen, die einen 1-Euro-Job haben, die einmal zum Arzt oder zu einer Behörde müssen. Ich verdeutliche meinen Asylis auch, dass ich sie freiwillig unterrichte, dass ich keinen Cent dafür bekomme. Wenn sie also lernen wollten, verlange es der Respekt regelmäßig teilzunehmen – ich käme ja auch regelmäßig und würde sie bei Verhinderung darüber in Kenntnis setzen – aus Respekt vor ihnen. Und so wies die Anwesenheitsliste, die ich führte und die für meine Schüler einen gewissen offiziellen Charakter besaß, praktisch keine Lücken auf – und konnte ein Teilnehmer wirklich einmal die „Schule" nicht besuchen, so wurde ich von einem Kameraden oder per Telefon darüber informiert. (Meine Telefonnummer hatte ich bei der Erstellung einer Kursliste genauso angegeben wie die Teilnehmer auch und niemals wurde ich grundlos angerufen – die Privatsphäre wurde stets respektiert.)

Dieses Wort „Respekt" war in der ersten Phase sehr bestimmend in meinem Kurs. Ich outete mich zum Beispiel als konfessionslos und erklärte, dass in Deutschland das kein Problem sei, dass Religion Privatsache sei und dass man die Religion eines anderen zu tolerieren hat, solange er damit keinem anderen schadet. Respekt müsse man zeigen gegenüber allen Menschen, seien es nun Alte, Behinderte, Andersdenkende, sexuell anders Orientierte und insbesondere auch gegenüber Frauen. Und noch heute geht mir das Herz auf, wenn ich sehe, wie ein Asyli bei einer Begegnung zuerst der Frau die Hand reicht und erst dann den Mann begrüßt   -

„Frauen zuerst" war unsere Devise gewesen. Und wirklich nie ist bei meinen Kursteilnehmern oder denen meiner Frau eine irgendwie geartete Missachtung des weiblichen Geschlechts zu beobachten gewesen.

Ich konnte auch gewisse Benimmregeln einführen, ohne dass die Teilnehmer mir das übelnahmen: Kaugummikauen und Mützen auf dem Kopf waren im Unterricht ein Tabu, schließlich würden sie das bei einem Vorstellungsgespräch oder vielleicht auch bei der Arbeit ebenfalls zu unterlassen haben. Hatte ein Schüler dann doch einmal vergessen, seine Baseballkappe abzunehmen, wurde er ohne mein Zutun von den Mitschülern darauf hingewiesen.

Derartige „Belehrungen" waren natürlich sprachlich nicht ganz einfach zu bewältigen, man musste zum Pantomimen werden, was oftmals gewiss auch recht komisch wirkte und bei allem Respekt viel Gelächter hervorrief. Und trotzdem – oder gerade deshalb – gab es überhaupt keine Disziplinschwierigkeiten, keine mir aus meiner vorherigen Lehrtätigkeit bekannten Unterrichtsstörungen: ein Traum! Die Atmosphäre war äußerst entspannt, immer geprägt von Rücksicht zum Beispiel gegenüber denjenigen, die auf Grund ihres Nichtschulbesuches im Heimatland einfach länger brauchten, geprägt von Hilfsbereitschaft untereinander und absolutem Vertrauen mir gegenüber. Zur Anfangszeit, als noch nicht alle ein Girokonto besaßen, wurde ich gelegentlich zur „Superkasse" (wie ohne vorhandene Lesefähigkeit wohl in Anlehnung an den Supermarkt die Sparkasse genannt wurde), indem mir Geld zur Aufbewahrung gegeben wurde, weil es in der Unterkunft nicht unbedingt sicher war. Bekam ein Asyli Post, brachte er sie in die „Schule" mit, damit ich ihm den Inhalt erklären konnte (behördliche Schreiben können auch sprachbegabte Asylbewerber nach Jahren verständlicherweise noch nicht inhaltsmäßig erfassen!).

Aliou aus dem Senegal

Ende März, kurz vor den Osterferien, rief mich Franziska aus Oberstätten an. Sie hatte einen ‚Problemfall‘.

Aliou, 19 Jahre, aus dem Senegal war durch Zufall in eine Berufsschulklasse in unserer Kreisstadt aufgenommen worden. Dort wollte man auch Bewerbern ohne entsprechende Tests und Qualifikation die Chance geben einen Schulabschluss zu erreichen. Leider hatte man übersehen, dass Aliou, der viele Jahre fernab seiner Familie in einer Koranschule im Senegal erzogen worden war, die lateinische Schrift nicht kannte und deshalb massive Probleme in der Berufsschule hatte.

Also fuhr ich fast täglich während der Osterferien und an den folgenden schulfreien Samstagen in die Unterkunft nach Oberstätten um ihn zu ‚alphabetisieren‘. Es dauerte nicht lange, dann war auch Abbas aus Afghanistan dabei, der zwar unsere Schrift lesen und schreiben konnte, aber diesen Zusatzunterricht gerne wahrnahm. Aliou sprach besser, Abbas las und schrieb besser.

Schnell stellte sich heraus, dass ein gewisser Konkurrenzkampf sich auf beide positiv auswirkte.

Nach den Osterferien hatte ich bereits drei Tage Deutschunterricht. Dienstag und Donnerstag meine Deutschgruppen II und III in Rassnach, am Samstag

Aliou und Abbas in der Unterkunft in Oberstätten. Häufig gesellten sich auch andere Asylbewerber zu uns, die ich mit Erfolg einlud an einem unserer Kurse in Rassnach teilzunehmen.

Da immer mehr Asylbewerber aus Oberstätten zu uns nach Rassnach in den Unterricht kamen, wollte ich ihnen mit Fahrrädern den Weg dorthin erleichtern. Ein Aufruf im Bürgerbrief unserer Gemeinde, nicht mehr benötigte Fahrräder zu spenden, blieb nicht ohne Erfolg. 16 Fahrräder, vom Bauhof der Gemeinde auf Vordermann gebracht, konnten unentgeltlich Anfang Mai übergeben werden. Auch in den örtlichen Medien wurde diese Aktion lobend erwähnt. Leider übergab zeitgleich der Betreiber der Unterkunft in Oberstätten ebenfalls Fahrräder und wurde in der Presse groß herausgestellt. Ich selber wollte am Pressetermin nicht teilnehmen, weil diese Aktion für mich selbstverständlich war und ich deshalb kein Lob einheimsen wollte. Dumm gelaufen, wie ich später erfahren musste, da die Asylbewerber für Fahrräder des Betreibers bis zu 30 Euro löhnen mussten!

Abbas aus Afghanistan

Mitte April bekam ich wieder einen Anruf von Franziska aus Oberstätten: ‚Abbas aus Afghanistan ist vor einigen Tagen mit dem Krankenwagen wegen Verdachts auf TBC abgeholt worden.' Außer den Sachen, die er auf dem Leib getragen habe, hätte er nichts dabei. Diese Information hatte Franziska von der Hausmeisterin der Unterkunft in Oberstätten erhalten.

Bei TBC fiel mir nur eine Klinik in der Nähe von R. ein, die auf diese Fälle spezialisiert ist. Tatsächlich war meine Vermutung richtig, und da er nicht unter Quarantäne stand, konnte Abbas auch Besuch bekommen. Also fuhr ich in die Unterkunft nach Oberstätten und packte mit Hilfe seines afghanischen Zimmergenossen das Wichtigste zusammen: persönliche Kleidung, Hygieneartikel, sein Handy und etwas Süßes.

Dann fuhren wir nach D.. Mahdi war inzwischen schon eine Woche dort gewesen - ohne irgendwelche persönlichen Gegenstände. Mit Mundschutz, Schutzkleidung und Einweghandschuhen (übrigens bei über 30° C) kam er uns schon am Parkplatz entgegen. Seine Freude war riesig und seine Rührung nicht zu übersehen. Seit einer Woche war er vollkommen isoliert gewesen. Niemand im Sanatorium hatte gewusst, dass er als Moslem kein Schweinefleisch essen durfte, und so war auf seine Bedürfnisse natürlich nicht eingegangen worden. Für ihn zwar das geringste Problem, die fehlende Kommunikation jedoch um so schlimmer.

Als freiwilliger Helfer und oft einziger Ansprech-partner der Asylbewerber Auskunft zu erhalten: Fehlanzeige. Wir haben keinen offiziellen Status, worauf wir auch immer wieder von verschiedenen Stellen hingewiesen werden. Also wurde mir auch die Diagnose nicht mitgeteilt. In einem unbeobachte-ten Moment konnte ich jedoch einen Blick in die offen daliegende Krankenakte werfen. Mein Ver-dacht bestätigte sich: Lungen-TBC. (Auch unter Deutschen gibt es jährlich noch ca. 5000 TBC-Erkrankungen. Migranten sind aufgrund ihres häufig geschwächten Immunsystems anfälliger.) Also war mir klar, dass Abbas dort einem Aufenthalt von meh-reren Wochen entgegensah und des öfteren besucht werden musste, was ich auch gerne tat, da Abbas aufgrund seiner liebenswürdigen, zurückhaltenden und zuverlässigen Art zu einem meiner Lieblinge geworden war.

Anfang Juni kam überraschend ein Anruf vom Sana-torium in D.: ‚Abbas wird als geheilt entlassen und kann um 15 Uhr abgeholt werden.' Da der Tag für mich schon recht hektisch begonnen hatte, bot mein Mann sich als Chauffeur an, was ich dankbar an-nahm. Wie sich noch herausstellen sollte: Gott-sei-Dank!

Überpünktlich kamen wir in D. an und sahen gerade eine Polizeistreife wegfahren. Mein erster Gedanke: die holen Abbas und schieben ihn ab.

Wir gingen also zur Station, wo uns sofort Kaffee angeboten wurde (!!!) und man uns bat etwas zu warten, da die Ärztin noch mit mir sprechen wollte. Nach ca. einer halben Stunde kamen zwei Polizisten und gingen zu Abbas' Zimmer. Jetzt wurden auch wir dazugebeten. Ich sollte als Dolmetscher fungieren, schließlich spräche ich ja Russisch. Ich stellte klar, dass ich kein Wort Russisch verstehe und ihm lediglich Deutschunterricht gebe. Erstaunen auf allen Seiten: ‚Ja, wie reden Sie denn dann mit ihm?' – ‚Hochdeutsch und langsam.' Weder Ärzte noch Schwestern hatten in den ganzen Wochen gemerkt, dass Abbas Afghane ist und keinen Oberpfälzer Dialekt versteht.

Der Grund für die Anwesenheit der Polizei war, dass Abbas' Personalien etwa ein Jahr zuvor im Zusammenhang mit einer Schlägerei in München aufgenommen worden waren. Kurz bevor er ins Sanatorium abgeholt worden war, hatte er eine Vorladung zu einem Gerichtstermin nach München bekommen, den Brief jedoch nicht geöffnet und war deshalb der Aufforderung nicht nachgekommen. Deshalb nahm die Polizei Abbas mit nach Regensburg, wo er dem Haftrichter vorgeführt werden sollte. Wir durften dem Polizeiauto nach Regensburg folgen und warteten anschließend vor dem Gerichtsgebäude darauf Abbas mit nach Hause nehmen zu können. Kurz nach 17 Uhr erfuhren wir, dass kein Dolmetscher verfügbar gewesen war und der Haftrichter jetzt Feierabend hätte.

Abbas musste also die Nacht in Regensburg in Polizeigewahrsam zubringen. Wieder durfte er nichts mitnehmen, außer den Sachen, die er anhatte und den Tabletten für den nächsten Tag.

Eigentlich hatten wir gedacht, ihn am nächsten Tag abholen zu können. Vergeblich warteten wir auf den versprochen Anruf. Schließlich rief ich bei der Polizei in D. an. Der Polizist vom Vortag, dessen Namen ich hatte, hatte allerdings dienstfrei. Seine Kollegin am Telefon war aber sehr entgegenkommend und rief mich später zurück um mir mitzuteilen, dass Abbas in die Haftanstalt in B. verlegt worden war, da es dort eine Krankenabteilung gibt. Netterweise gab sie mir auch noch die Telefonnummer dieser Anstalt. Also rief ich dort an und bekam die bereits erwartete Antwort, man dürfe mir nichts sagen, weder ob Abbas tatsächlich dort sei noch wie lange er bleiben müsse. Irgendwie gelang es mir dann doch mit einer Schwester auf der Krankenstation verbunden zu werden. Auch sie war wieder sehr hilfsbereit und versprach mir Abbas von meinem Anruf zu erzählen. Ich wollte sicherstellen, dass er sich nicht im Stich gelassen fühlte. So vergingen wieder einige Wochen, in denen ich regelmäßig mit der Anstalt telefonierte. Ich konnte nie mit Abbas sprechen, wusste nur, dass er mit dem nächsten Gefangenentransport nach München gebracht würde, um dort seine Aussage zu machen. Seine ganzen persönlichen Sachen, die ich ihm nach D. gebracht hatte, lagerten jetzt bei uns.

Nach ca. sechs Wochen traf ich Abbas zufällig beim Arzt. Er war gerade aus der Haft in München entlassen worden und hatte sich als erstes um seine Medikamente gekümmert. Fast hätte ich ihn nicht erkannt, da er kahlgeschoren und stark abgemagert war. Ich holte seine Sachen bei uns ab und fuhr ihn nach Oberstätten, wo er von seinen afghanischen Freunden stürmisch begrüßt wurde.

Trotz der langen Isolation im Sanatorium und im Gefängnis hatte er sein freundliches, sonniges Wesen nicht verloren.

Inzwischen war es August, und Abbas wollte unbedingt nach München um dort wie viele andere Afghanen als Putzhilfe im Hotel zu arbeiten. Da er noch drei Monate Medikamente nehmen musste, bat ich ihn noch etwas zu warten. 14 Tage später hatte er jedoch einen Job, leider aber kein Zimmer. So schlief er zwei Nächte bei Bekannten und die dritte Nacht im Park. Nach dieser Nacht rief er mich an, es war ihm doch mulmig geworden. Zum Glück konnte er von da an für 200 € monatlich als dritter Mann in einem Zwei-Bett-Zimmer unterkommen.

Mittlerweile ist er als Flüchtling anerkannt, arbeitet in München als Maler und konnte seine Familie nach Deutschland nachholen.

Massire aus Sierra Leone

Im Frühsommer 2015 besuchte ich wieder einmal einige meiner Schüler in der Unterkunft in Rassnach. Wie immer freuten ‚meine Jungs' sich sehr, hatten sie doch sonst wenig Kontakt zur deutschen Bevölkerung. Bei solchen Besuchen arbeiteten die Buschtrommeln ganz schnell, und auch Nichtschüler kamen um ‚Hallo' zu sagen und bei dieser Gelegenheit Briefe zu zeigen, deren Inhalt sie nicht verstehen konnten. Es war auch eine gute Gelegenheit Neuankömmlinge kennenzulernen.

Als ich gerade gehen wollte, fing mich Massire auf der Treppe ab. Zu dieser Zeit sprach er noch kein Wort Deutsch und bat mich deshalb auf Englisch um Hilfe. Auch er hatte einen Brief bekommen, den er nicht lesen und schon gar nicht verstehen konnte. Er war Analphabet und sprach zwar relativ gut Englisch, die zweite Amtssprache in Sierra Leone, hatte aber nie eine Schule besucht.

Der Brief war von der Polizei in L. Er sollte Stellung nehmen zu einem Vorfall im Bezirkskrankenhaus, in dem er einige Monate vorher stationär gewesen war. Das machte mich hellhörig und ich hakte ein bisschen nach. Erst zögernd, später aber froh endlich reden zu können, erzählte er mir seine ganze Geschichte.

Er hatte mit seinen Eltern und seiner Schwester in Sierra Leone auf dem Land gelebt. Die Familie betrieb eine kleine Farm und der Vater verdiente ne-

benher Geld mit Safaris, die er reichen Städtern anbot. Häufig wurde er dabei vom jungen Massire begleitet. Auf einer dieser Safaris löste der Vater ver-
sehentlich einen Schuss aus, welcher einen seiner
Helfer tötete.

Massire lief in Panik davon und versteckte sich zwei
Wochen im Wald. Nach dieser Zeit kam er, völlig
am Ende, wieder zur Farm seiner Eltern. Inzwischen
hatten Angehörige des Opfers seinen Vater, den
Gesetzen der immer noch herrschenden Blutrache in
Teilen des Landes folgend, umgebracht. Die Mutter
schickte ihren Sohn in die Hauptstadt, wo er versuchen sollte, sein Land zu verlassen. Mit Gelegen-
heitsjobs hielt er sich einigermaßen über Wasser.
Noch hatte er telefonischen Kontakt und musste bald
erfahren, dass auch seine Mutter – wohl aus Schmerz
über den Verlust von Ehemann und Sohn - gestorben
war. Nach langer Odyssee kam Massire schließlich
nach Deutschland. Plötzlich konnte er auch seine
Schwester nicht mehr erreichen. Er vermutete, dass
sie Opfer der damaligen Ebola-Epidemie geworden
war. Sicherheit bekam er nie.

Seit dem Jagdunfall wurde er von Albträumen heim-
gesucht und war stark suizidgefährdet. In Deutschland bekam er endlich ‚psychiatrische Hilfe‘, was
hieß, dass er einmal im Vierteljahr bei ‚seiner‘ Ner-
venärztin erscheinen musste um sich sein Rezept für
schwere Psychopharmaka abzuholen. Niemals fand
ein Gespräch statt. Trotz der vielen Tabletten hatte er
weiter Panikattacken, die ihn nicht schlafen ließen,

jedoch total benommen machten. Seinen Ausgleich fand er lediglich im Fitnessstudio, wo er täglich stundenlang trainierte.

Ins Bezirkskrankenhaus kam er, als er total am Boden war. Zum ersten Mal bekam er neben Medikamenten auch eine Gesprächstherapie. Trotzdem ging es ihm nicht besser, und als er in der Küche der Klinik plötzlich ein Messer liegen sah, wollte er seinem Leben ein Ende setzen. In diesem Moment betrat ein Pfleger die Küche, fühlte sich bedroht und löste einen Alarm aus. Als die Polizei kam, stand Massire immer noch mit erhobenem Messer da, das ihm aber abgenommen werden konnte. Ich kenne diese Geschichte sowohl aus seiner Erzählung als auch aus den Polizeiprotokollen. Die Anklage wurde niedergeschlagen, der vermeintliche Angriff auf den Pfleger stellte sich als Irrtum heraus.

Nach dem ersten Treffen schaute ich fast täglich ‚kurz' bei Massire vorbei. Unter einer Stunde kam ich aber selten wieder weg. Er war so froh endlich jemanden gefunden zu haben, mit dem er reden konnte. In der Unterkunft galt er als Außenseiter, der am liebsten für sich blieb. Oft brach er während unserer Gespräche in Tränen aus, er vermisste seine Familie und auch seine Heimat, die er seiner Meinung nach nie wiedersehen würde.

In dieser Zeit zeigte er mir die ganzen Diagnosen und Beurteilungen von Haus- und Fachärzten, die er in einem Ordner gesammelt hatte. Daraus ging hervor, dass er tatsächlich massiv selbstmordgefährdet war. In München gab es eine soziale Einrichtung für Asylbewerber mit den gleichen Problemen. So versuchte ich über die Caritas einen Platz für ihn dort zu bekommen. Es war aussichtslos: zwei Jahre Wartezeit, schlimmere Fälle, viel mehr Bewerber als Plätze.

Da ich selber auf Dauer nicht so viel Zeit mit Massire verbringen konnte, musste eine andere Lösung her. Kurz vorher hatte ich Michelle kennengelernt. Auch sie wollte den Flüchtlingen helfen, traute sich aber - noch - nicht zu Deutschunterricht zu geben. Michelle, eine warmherzige Mittvierzigerin und Mutter von drei fast erwachsenen Töchtern, schien für Massire genau die Richtige zu sein. Ich stellte die beiden einander vor und Michelle war tatsächlich ein Glücksgriff. Sie nahm sich viel Zeit für ihn und konnte ihm bald sogar einen bezahlten Helferjob in einem Bekleidungsgeschäft in der Kreisstadt vermitteln. Inzwischen hatte Massire auch etwas Lesen, Schreiben und Deutschsprechen gelernt, war aber noch sehr schlecht. Sein Chef setzte sich stark dafür ein, dass er täglichen Sprachunterricht bekam. Heute spricht er relativ gut und was das Wichtigste ist: Dadurch, dass er endlich eine Aufgabe hat, denkt er nicht mehr pausenlos über seine Probleme nach und konnte schon bald seine Tabletten in den Müll werfen.

Wenn ich ihn heute treffe, können wir ganz normal miteinander reden und auch blödeln und er hat endlich Freundschaften geschlossen.

Eines Tages bekomme ich einen Anruf mit den ungefähren Worten: „Brief! Bitte helfen!" Der Anrufer ist

Mamadou,

ein fast 19jähriger Junge aus Mali, der weitab der sogenannten Zivilisation aufgewachsen ist. Sein Vater hat mit drei Frauen etwa 25 Kinder und muss drei seiner Söhne dem Staat als Soldaten überlassen. Dessen Wahl fällt unter anderem auf Mamadou, den er sowieso nicht mehr haben wollte. Und so muss Mamadou, der noch nie eine Schule besucht hat, der weder lesen noch schreiben kann, mit 14 oder 15 Jahren – so genau weiß er das nicht – zum Militär. Wenn er sich weigert, muss seine Mutter für bis zu drei Jahren ins Gefängnis. Zu seiner sechsmonatigen „Ausbildung" kommt er in den Norden von Mali, muss natürlich Schießen lernen (an Kopf, Ellbeugen und Rumpf sieht man noch heute richtige „Rückstoß-Dellen"), muss gegen Rebellen kämpfen!!! Einmal trifft er einen Gegner am Bein, er will keine Menschen erschießen, er hat auch Angst.

Also beschließt dieses Kind, eines Nachts über die 30 Kilometer entfernte Grenze nach Algerien zu fliehen. Gewehr und Uniform muss er natürlich zurücklassen und er schafft es tatsächlich das Land zu verlassen. Er verdingt sich in Algerien als Helfer auf den Feldern und gelangt schließlich nach Libyen, wo er unter anderem in einer Bäckerei arbeitet und sich das Geld für seine Flucht über das Mittelmeer erarbeitet. Etwa drei Jahre sind seit seiner „Fahnenflucht" mittlerweile vergangen.

Am Abend vor der berüchtigten Mittelmeerüberfahrt muss er sich zusammen mit den anderen 120 „Mitreisenden" in einer Behausung nahe des Meeres verstecken, des Nachts werden sie abgeholt und in eine Gummiboot verfrachtet. Etwa 30 Menschen überleben die Überfahrt nicht, sie werden regelrecht von den anderen zu Tode gequetscht. Als das Boot mit nur noch wenigen Litern Treibstoff Gott-sei-Dank von einem Marineschiff aufgegriffen wird, kann Mamadou nicht mehr gehen – er ist 20 Stunden auf seinen total angewinkelten Beinen gesessen. Auf Lampedusa angekommen, erzählt ihm ein anderer Flüchtling, dass „Germani" gut sei. Mamadou weiß weder, dass es Frankreich, Italien oder „Germani" (Deutschland) gibt – aber an irgendeinen Rat muss er sich halten. Er will sich deshalb nicht per Fingerabdruck registrieren lassen, aber weil er dann von den Italienern nichts zu essen bekommt, so sagen sie ihm, willigt er doch ein. Mit einem Flugzeug wird er dann zusammen mit vielen anderen aufs italienische Festland transportiert. Er strandet in Bari, hilft als Tagelöhner bei der Olivenernte (für mich immer noch ein Wunder, dass so ein junger Mann nicht im Drogenmilieu endet!) und kann sich so über den Winter etwa 100 Euro zusammensparen, die ihm eine Weiterfahrt ins gelobte Deutschland möglich erscheinen lassen.

Bei totaler Ungebildetheit kann Mamdou schon nach kürzester Zeit in der jeweiligen Landessprache auf einfachstem Niveau kommunizieren (ich konnte diese Fähigkeit bei ihm auch beobachten im Zusammenleben mit Afghanen oder Syrern): Das hilft ihm auf der Reise. Mamadou kann keinen Fahrplan lesen, wie also, so frage ich ihn später in Deutschland, hast du es geschafft, in den richtigen Zug zu steigen? „Weißt du, ich kann auch ein bisschen Englisch. Ich habe einfach gesagt: ‚I want to go to Germany‘, aber wenn der andere nicht schnell antwortet, musst du gleich weiter gehen, sonst kommt die Polizei." Mit dieser Schlauheit schafft er es über die Schweiz nach Deutschland und landet irgendwie in Rassnach.

Und jetzt dieser Brief! Ich gehe sofort in die Unterkunft, wo Mamadou mich mit einem Freund erwartet. Es ist Mittwoch nach Ostern, das Einschreiben wurde schon am Donnerstag vom Postboten eingeworfen, aber da der Betreiber für seine zwei Unterkünfte lediglich ein älteres Ehepaar in Teilzeit für sich arbeiten lässt, passiert es häufig, dass Post, die vor dem Wochenende zentral eingeworfen wird, erst nach dem Wochenende dem Empfänger zugestellt wird (ein Unding bei den häufigen Terminsachen - andere Post bekommen die Asylbewerber ja nicht - , immer wieder moniert bei der Ausländerbehörde, nie wurde darauf reagiert!) - und dieses Mal war eben das ganz lange Wochenende von Karfreitag bis Ostermontag. Nachdem also Mamadou sich am Vortag das Einschreiben abgeholt hat, kontaktiert er mich: Super-GAU - Mamadou hat nach nur mehr wenigen Tagen laut Dublin-Abkommen mit seiner Abschiebung nach Italien zu rechnen.

Ich bin noch ziemlich unerfahren im „Asyl-geschäft", fahre also sofort mit Mamadou nach Denkelstadt zu Sebastian, dem Asylberater der Caritas. Nach Telefonaten mit in Asylverfahren kompetenten Anwäl-ten erklärt er mir, dass nur ein Kirchen-asyl die drohende Abschiebung verhindern könne, er aber auf Grund des notwendigen langen Zeitraumes von über fünf Monaten hierfür wenig Chancen sehe. Mit einem de-primierten Mamadou, dem wir diese Nachricht in groben Zügen mitgeteilt ha-ben, fahre ich zurück nach Rassnach.

Am Donnerstagabend erscheint er nicht zum Unterricht, ich mache mir Sorgen. Dann erfahre ich am Sonntag bei einem Besuch in der Unterkunft, dass Mamadou am Morgen abgeholt worden sei – aber Gott-sei-Dank nicht von der Polizei, son-dern von der mir bis dahin unbekannten Sabine. Sie ist in unserem Landkreis die nicht zu ersetzende, äußerst engagierte Person, die sich um Kirchenasyl bemüht. Und nachdem Sebastian sie angerufen hat-te, hatte sie tatsächlich einen Platz für Mamadou aufgetan.

Und was sich zunächst als unheilvolles Ereignis dargestellt hatte, wurde für Mamadou zum Sechser im Lotto! Wie ich von Sabine in einem ersten Telefongespräch erfahren hatte, war Mamadou im Pfarrhaus von Schneelach untergekommen. Der dortige Pfarrer, ganz einfach ein Menschenfreund, mit dem mich bald trotz unserer unterschiedlichen Religionsauffassungen eine richtige Freundschaft verband, versuchte zusammen mit der im Pfarrhaus lebenden Sonderschullehrerin Amalie Mamadou auf mein Ansinnen hin weiter in Deutsch zu fördern. Er fand drei Gymnasiastinnen, die abwechselnd Mamadou unterrichteten – mit großem Erfolg. Zudem hatte er das Glück, dass sich auf dem Kirchengelände, das er ja nicht verlassen durfte, auch das Jugendheim befand, in dem regelmäßig Landjugendtreffen stattfanden. So konnte er im „goldenen Käfig" sogar Kontakte mit deutschen Jugendlichen haben, konnte so seinen Sprachgebrauch verbessern – in Rassnach war ein Zusammentreffen mit jungen Leuten nie zustande gekommen!

Mamadou hatte als Moslem auch keine Berührungsängste mit der katholischen Kirche. Rein interessehalber besuchte er ab und zu den dortigen Gottesdienst – auch die Kirche war auf Pfarrgrund – und half bei Pfarrfesten tatkräftig mit, zum Beispiel beim Aufstellen der Bänke oder beim Bedienen. Und so kam es, dass ein Bäcker Pfarrer Jakob das Angebot machte, Mamadou in ein Lehrverhältnis zu übernehmen, wenn er ihn vorher in einem Praktikum noch testen könnte. Vom Analphabeten zum Azubi in eineinhalb Jahren – auch das gibt's!!

Ich hatte es mir auferlegt, Mamadou jeden Monat während seiner Kirchenasylzeit zu besuchen – so konnte ich mich mit den jungen Lehrerinnen absprechen und ich konnte so den Kontakt zu seinen Freunden in der Unterkunft in Rassnach aufrechterhalten, die ich im Auto mitnahm.

Mohammed aus Jordanien

Mohammed aus Jordanien, damals 37, war eine Autorität in der Unterkunft in Rassnach. Er sorgte für Ruhe und Sauberkeit und hatte dank ‚Dr. Michael' bereits sehr gute Deutschkenntnisse, als er in meinen Fortgeschrittenenkurs kam, wo er wiederum einer der Besten war.

Maria, eine Bekannte Anfang 60, brauchte dringend Hilfe in Haus und Garten. Ihr Mann war seit einem Unfall vor ca. 20 Jahren auf den Rollstuhl angewiesen, und Maria pflegte ihn mit Hilfe eines Pflegedienstes zu Hause. Als sie eines Abends mit ihrem Mann den Film ‚Ziemlich beste Freunde' sah, waren beide von der Idee einem Asylbewerber die Chance auf Arbeit zu geben so fasziniert, dass Maria mich am nächsten Tag gleich besuchte. Ich kannte zwar den Titel des Films, wusste aber wenig über dessen Inhalt. Maria gab mir also eine kurze Inhaltsangabe: Philippe, ein reicher Pariser, querschnittsgelähmt, braucht eine Pflegehilfskraft. Er engagiert Driss, einen jungen Afrikaner, frech, charmant und gerade aus dem Gefängnis entlassen für zwei Wochen zur Probe. Das ist der Beginn einer verrückten, wunderbaren Freundschaft, die beider Leben verändern wird.

Mit einem Schwarzen konnte ich der Familie nicht dienen, aber Mohammed schien die ideale Besetzung zu sein: gute Deutschkenntnisse, sehr höflich, arbeitswillig und - er konnte Schach spielen, womit er Marias Mann Kurzweil verschaffen konnte.

Zuerst musste jedoch beim Landratsamt bzw. bei der Ausländerbehörde ein Antrag auf Arbeitserlaubnis eingeholt werden. Akribisch mussten Arbeitstage, Arbeitszeiten, Lohn und Art der Beschäftigung festgelegt werden. Anfang Juli 2015 war die schriftliche Genehmigung da, was Maria sofort zum Anlass nahm, Mohammed von Kopf bis Fuß mit Arbeitskleidung auszustatten und ihm ein Fahrrad zu schenken. Sein Arbeitstag begann um halb acht Uhr mit dem Einkauf von frischen Semmeln und Brezen. Danach räumte er auf, putzte und arbeitete bei Bedarf im Garten. Er sah die notwendigen Arbeiten, noch bevor Maria ihn darum bitten musste. Ob Fensterputzen, Reparaturarbeiten an Haus, Zäunen und Nebengebäuden, Rasenmähen, Unkraut jäten etc.: Alles wurde schnell und gründlich erledigt. Manchmal kochte Mohammed auch Gerichte aus seiner Heimat, die sogar dem eher nicht experimentierfreudigen Hausherrn schmeckten. Maria ‚belohnte' ihn oft mit Ausflügen in die nähere und weitere Umgebung. Einmal fuhr sie mit ihm sogar zum Hundertwasserturm nach Abensberg. Jeden Freitag gab es für beide das Highlight der Woche, den Besuch auf dem Wochenmarkt in Denkelstadt. Mohammed hatte, bevor er in Deutschland um Asyl nachgesucht hatte, fünf Jahre in Schweden für einen Obst- und Gemüsehändler gearbeitet. Einkauf und Verkauf waren seine Leidenschaft und er kannte alle, auch ausgefallenere Obst- und Gemüsesorten mit deutschem Namen. Immer trug er die Einkaufskörbe, und mit seinen ca. 1,90 m wurde er oft wohlwollend als Marias Leibwächter betitelt. Sie konnte sich hundertprozentig auf ihn verlassen, und so gönnte sie sich im September eine dreiwöchige Auszeit in England.

Alles lief reibungslos und Mohammed wusste, sollte er irgendwelche Probleme haben, könnte er mich jederzeit anrufen.

Tatsächlich bekamen wir in dieser Zeit einen Anruf, zwar nicht von Mohammed, sondern von einem seiner Mitbewohner. Mohammed hatte einen anderen Asylbewerber brutal verprügelt. Der Anlass war nichtig, das Opfer hatte ihn lediglich gebeten, seine mit Mohammeds Wäsche noch in der laufenden Waschmaschine befindlichen Jeans nach Beendigung des Waschgangs mit aufzuhängen. Mohammed fühlte sich respektlos behandelt und ging mit den Fäusten auf den Bittsteller los. Als dieser am Boden lag, packte er einen Stuhl und wollte damit auf den anderen einschlagen. Dabei verlor er das Gleichgewicht, fiel hin und fügte sich selbst eine Platzwunde am Kopf zu. Wie wir später erfuhren, war das nicht seine erste Prügelei und sollte auch nicht seine letzte sein. Am folgenden Sonntag war er wieder bei mir im Unterricht, wie immer eine Viertelstunde vor den anderen. Er half mir bei den Vorbereitungen und wir nutzten diese ‚Zweisamkeit' stets für private Gespräche. Für dieses Mal hatte ich mir vorgenommen ihn auf den Vorfall anzusprechen. Das war eigentlich ganz einfach, die Verletzung auf seiner Stirn war nicht zu übersehen. Ich kannte die Ursachen der Prügelei, hatte es doch mehrere Augenzeugen gegeben. Zuerst stritt er alles ab, wurde dann auf mein Bohren immer lauter und aggressiver, so dass ich richtig Angst vor ihm bekam. Zum Glück kamen aber nach und nach die anderen Teilnehmer, und der Unterricht lief ganz entspannt ab. Nur Mohammed beteiligte sich nicht mehr daran und ging am Schluss ohne sich zu bedanken und zu verabschieden, was er sonst immer tat.

Später einmal fuhr ich von Denkelstadt nach Rassnach und sah Mohammed mit einem Freund als Anhalter stehen. Natürlich hielt ich an um beide mitzunehmen. Der Freund stieg auch ein, Mohammed jedoch rannte wie von der Tarantel gestochen davon.

Ich wollte Maria ihren mehr als verdienten Urlaub nicht verderben und so entschloss ich mich, sie erst von dem Vorfall in Kenntnis zu setzen, wenn sie wieder zu Hause wäre. Vor Marias Mann hatte Mohammed das Gesicht nicht verloren und so vertraute ich drauf, dass alles gut gehen würde, was dann auch der Fall war. Marias Erholung war natürlich im Eimer und sie wusste auch nicht, wie sie sich verhalten sollte. Zum Glück nahm Mohammed ihr die Entscheidung ab, er kündigte sofort nach ihrer Rückkehr.

Jeder, der geglaubt hatte, ihn zu kennen, fiel aus allen Wolken, und oft mussten wir hören: ,Nein, doch nicht DER Mohammed!'.

Es kam noch zu weiteren Körperverletzungen und Sachbeschädigungen durch Mohammed. Immer wurde die Polizei gerufen, leider aber nie Anzeige erstattet.

So wurde Oumar, einer seiner Zimmergenossen, sein nächstes Opfer. Er verprügelte ihn, wieder ohne Grund, nach Strich und Faden und trat ihm dann, als er schon am Boden lag, noch mehrmals mit dem Fuß in die Rippen. Der 18-jährige Oumar setzte sich aus Respekt vor dem Älteren nicht zu Wehr. Mamadou war das nächste Opfer. Am 5. Mai 2016, dem Himmelfahrtstag, ging Mohammed mit einem Messer auf seinen Mitbewohner los und fügte ihm einen Schnitt am Handrücken zu. Noch vor acht Uhr morgens klingelte Oumar vollkommen aufgelöst an unserer Haustüre und bat uns um Hilfe. Wir ließen Frühstück Frühstück sein und fuhren sofort mit ihm in die Unterkunft. Dort trafen wir zusammen mit Polizei und Sanka ein. Die Polizei nahm Mohammed mit, der Sanka fuhr Mamadou nach Denkelstadt, Werner fuhr direkt ins Krankenhaus, während ich in der Unterkunft versuchte, die Asylbewerber, die zwangsläufig Zeugen geworden waren, zu beruhigen. Die Bewohner rückten damit heraus, dass Mohammed sie des öfteren tyrannisiert hatte und regelmäßig bei seinen plötzlich auftretenden Wutanfällen vor allem Geschirr zerschlagen hatte. Im Laufe des Vormittags kam Mohammed wieder nach Rass-nach zurück und demolierte in seiner Wut das ganze Zimmer. Er zerschlug die Fensterscheibe, riss den Fernseher aus der Wandverankerung, zertrümmerte das ganze Geschirr, schmiss alle Lebensmittelvorräte (darunter auch Speiseöl) auf den Boden, zerbrach Oumars Brille und vieles mehr. Das Zimmer glich einem Schlachtfeld. Als Werner mit Mamadou zu-rückkam, war auch das Hausmeisterpaar vor Ort.

Werner und ich entschieden, dass die beiden Jungs aus Mali nicht mit Mohammed im Zimmer, das übri-gens unbewohnbar war, bleiben konnten und nahmen sie mit zu uns nach Hause. Vorher gingen wir mit dem Hausmeister noch einmal in das zerstörte Zim-mer um Kleidung, Schulsachen und andere wichtige Dinge einzupacken. Mohammed saß mit starrem Blick im Nebenzimmer, kam dann aber kurz herein, riss den Kühlschrank auf, den er vorher schon leer gefegt hatte und knallte dann die Zimmertüre zu, dass wir zusammenzuckten. Selten habe ich mich so unwohl gefühlt und war mehr als erleichtert endlich gehen zu können. Die folgenden Wochen wohnte Oumar bei uns, da der Betreiber der Unterkunft es fast drei Wochen nicht fertigbrachte, die zerbrochene Fensterscheibe zu ersetzen und es ‚für die Jahreszeit' viel zu kalt war - ohne Heizung ging gar nichts. Wiederholte Telefonate mit den Besitzern, Vater und Sohn, der Unterkunft brachten nur lapidare Bemer-kungen. Sohn: ‚Die sollen doch eine Folie reinkle-ben!'; Vater: ‚Die können doch ein Handtuch reinstopfen, die Heizung funktioniert ja!' Auch E-Mails an bzw. Anrufe beim zuständigen Mitarbeiter im Landratsamt zeigten wenig Erfolg.

Am 27. Mai kam es zum nächsten Vorfall. Vor der Sparkasse in der Kreisstadt trafen Mamadou und Mohammed nachmittags zufällig zusammen. Ohne Vorwarnung, so berichtete uns Mamadou, stach Mohammed wieder mit einem Messer auf ihn ein, wobei er ihm eine tiefe Schnittwunde am rechten Handrücken zufügte, die im Krankenhaus genäht werden musste. Zum Glück wurde keine Sehne verletzt, ansonsten hätte Mamadou seine Lehre als Bäcker wohl vergessen können. Nach dem Angriff flief Mohammed davon. Natürlich erstatteten wir Anzeige bei der Polizei. Es kam aber zu keiner Verhandlung, da es keine Zeugen gab. Aussage stand gegen Aussage.

Schon einen Tag später wollte Mohammed wieder einen Mitbewohner in der Unterkunft verprügeln. Dieses Mal kamen dem Angegriffenen aber rechtzeitig Freunde zu Hilfe, und so konnte Schlimmeres verhindert werden.

Mohammed, inzwischen sahen wir ihn als tickende Zeitbombe, war zuvor schon einmal wegen verschiedener Schlägereien von einer anderen Unterkunft nach Rassnach verlegt worden, die Betreiber wussten über sein Vorleben Bescheid. Jetzt versuchten wir beim Landratsamt händeringend seine Verlegung in eine andere Gemeinde durchzusetzen, wohnte er zu dem Zeitpunkt doch immer noch im Nachbarzimmer, Oumar aus Sicherheitsgründen wieder bei uns, und Mamadou immer noch in Denkelstadt. Als Mohammed nach vielen Wochen endlich von Rassnach in die vier Kilometer entfernte Unterkunft des gleichen Betreibers nach Oberstätten verlegt wurde, bekam Oumar als ‚Retourkutsche' einen Pakistani aus einer anderen Unterkunft in sein Zimmer, der sich vor ihm damit brüstete, schon verschiedene Mitbewohner angegriffen sowie drei deutsche Frauen nach einvernehmlichem Sex verprügelt zu haben, was leider der Wahrheit entsprach. Zum Glück ist er bis jetzt in Rassnach unauffällig geblieben.

Mohammed arbeitet unseres Wissens seit Ende 2016 in Oberbayern in einem Restaurant, ist aber auch dort schon wieder handgreiflich geworden. Wir wundern uns nur, warum Afghanen, die sich nichts zu Schulden kommen lassen, einen Beruf ausüben und selber für ihren Lebensunterhalt aufkommen, nach Afghanistan abgeschoben werden, polizeibekannte Gewalttäter wie Mohammed aus einem sicheren Land wie Jordanien, das gegen Bezahlung anderen Asylbewerbern Zuflucht gewährt, aber noch immer in Deutschland leben darf. Zweimal sah ich Mohammed danach noch: einmal als Anhalter in Rassnach und einmal händchenhaltend mit einer Frau in Denkelstadt. Ich hoffe für diese, dass sie sich niemals ‚daneben benimmt' und deshalb seine Wut zu spüren bekommt.

Ibrahima aus dem Senegal

Die ersten Unterrichtsstunden in Oberstätten absolvierten mein Mann und ich gemeinsam. Er ‚machte Schule‘ und ich ‚assistierte‘, das heißt schaute, wo jemand spezielle Hilfe brauchte und versuchte vor allem mir vom Leistungsstand der einzelnen Schüler ein Bild zu machen. Wir wollten schließlich homogene Lerngruppen haben. Neugierig auf die neuen Lehrer hatten wir in diesen ersten Stunden ‚full house‘: 15 Personen mit unterschiedlichsten Deutschkenntnissen.

Bei fünf jungen Männern war schnell klar, dass sie in dieser großen Klasse heillos unterfordert waren, die meisten der restlichen zehn jedoch Hemmungen hatten, sich zu Wort zu melden.

Also besorgte ich mir Zusatzmaterialen zum Lehrbuch und zog mich mit den ‚Überfliegern‘ auf eine Wohnzimmergarnitur in einer Ecke der ‚Schule‘ zurück. Die Begeisterung bei meiner Gruppe war von Anfang an groß, endlich konnten sie zeigen, was in ihnen steckte. Ab sofort gab es für Anfänger am Dienstag und für Fortgeschrittene am Freitag je 90 Minuten Unterricht. Trotzdem kamen meist auch einige zu Besuch in die andere Gruppe. Ich schickte keinen weg, sagte ihnen allerdings, dass das Niveau auf die entsprechende Gruppe zugeschnitten wäre.

Ibrahima war einer der besten. Er hatte im Senegal als Lastwagenfahrer und Automechaniker gearbeitet. Später erfuhr ich, dass er, ohne im Besitz eines

LKW-Führerscheins zu sein, einen schweren Unfall mit Verletzten verursacht hatte. Ihn hätte eine sehr hohe Geldstrafe, wenn nicht sogar eine Gefängnisstrafe im Senegal erwartet. Deshalb war er nach Deutschland geflüchtet, ist also nach weitverbreiteter Ansicht ein Wirtschaftsflüchtling.

Er spricht sehr gut Deutsch, perfekt Englisch und Französisch und ein bisschen Italienisch. Schnell war klar, dass er eine Ausbildung in Deutschland machen musste. Bis zum Beginn einer Lehre musste er aber noch ein halbes Jahr überbrücken, das er nicht untätig absitzen wollte. Also sprach ich mit unserem Bürgermeister, der ihm einen 1-€-Job im hiesigen Bauhof gab. Für diese eher anspruchslose Arbeit waren gute Deutschkenntnisse eine wichtige Voraussetzung, da er auch Maschinen bedienen und somit die Sicherheitsvorkehrungen kennen musste. Ibrahima war bald eine feste Größe in unserer Gemeinde: sehr schwarz mit oranger Warnweste und bei jeder Witterung draußen anzutreffen. Sehr beliebt war er auch bei seinen Kollegen, die ihm Bayrisch beibrachten. Regelmäßig kam er am Samstag zu mir in den Unterricht mit einem Zettel, auf den er Wörter geschrieben hatte, die er nicht immer verstand: vom obligatorischen ‚Oachkatzlschwoaf‘ bis ‚schleich di‘ war alles dabei. Den anderen Schülern gefiel das so, dass wir als Ergänzung auch immer ein bisschen Bayrisch machten.

Ibrahimas Berufswunsch war Automechaniker. Gute Voraussetzungen dafür brachte er mit, wohl wissend, dass im Senegal anders als in Deutschland gearbeitet wird. Wieder war es der Bürgermeister, der ihm zu einer Praktikumsstelle verhalf: Ein Bekannter von ihm hat eine Werkstatt, in der Oldtimer gewartet und restauriert werden. Ibrahima nahm Urlaub von seinem 1-€-Job und machte einen Monat Praktikum in der Werkstatt. Er stellte sich sehr geschickt an, zeigte sich stets interessiert und konnte mit seiner liebenswerten Art wieder schnell die Herzen der Kollegen gewinnen. Nach Beendigung des Praktikums war eigentlich klar, dass er dort eine Lehrstelle bekommen würde. Letztendlich scheiterte es daran, dass der Drei-Mann-Betrieb keinen Lehrling verkraften konnte. Er bekam jedoch ein hervorragendes Zeugnis, mit dem er sich in einer anderen Werkstatt bewarb. Zwischenzeitlich war aber ein neues Asylgesetz in Arbeit, das Senegalesen eine Ausbildung bzw. Arbeit in Deutschland nicht mehr erlaubte. Wegen dieses geplanten Gesetzes, das wenig später tatsächlich umgesetzt wurde, wollte die Werkstatt keinen Lehrvertrag abschließen. Die Enttäuschung, nicht nur bei Ibrahima, war riesig. Fast alle Senegalesen haben inzwischen eine Abschiebungsandrohung in ihre Heimat bzw. ein anderes Land, das bereit ist, sie aufzunehmen. Die senegalesische Regierung will aber ,ihre Söhne' nicht zurücknehmen, sind sie doch mit ihren Geldüberweisungen an Angehörige ein wichtiger Wirtschaftsfaktor. Außerdem hat praktisch keiner einen senegalesischen Pass, der ihn zur Einreise in sein Heimatland berechtigen würde. Die Frustration der Senegalesen ist unbeschreiblich, aber auch absolut verständlich.

Oumar,

ebenfalls ein fast 19jähriger junger Mann aus Mali, ist einer von Mamadous Freunden. Er war in Bamako, der dortigen Hauptstadt, aufgewachsen und hatte einige Jahre Schulbesuch hinter sich (wobei ich zu behaupten wage, dass zwei Schuljahre in Afrika höchstens einem Schuljahr in Bayern entsprechen). Sein Schicksal änderte sich dramatisch, als sein Vater zusammen mit Oumars Geschwistern bei einem Autounfall ums Leben kam. Als etwa 13jähriger Bursche war er nun der Ernährer für seine stets kranke Mutter und sich. Mit gelegentlichen Arbeiten auf Baustellen oder mit Schuheputzen auf der Straße versuchte er die „Restfamilie" über Wasser zu halten. Irgendwann fasste er dann den Entschluss in Europa, genauer in Deutschland, sein Glück zu suchen und von dort aus seine Mutter zu unterstützen, die mittlerweile in einem Zimmer in einer Art Wohnblock wohnt. Dürfen wir wirklich so einfach abwertend von „Wirtschaftsflüchtlingen" sprechen oder ist nicht die Suche nach Glück ein weltumfassendes Recht? Jedenfalls schafft er es über Niger nach Libyen, wo sie ihn ins Gefängnis stecken und durch

Schnitte mit dem Messer in den Arm – die Narben werden ihn Zeit seines Lebens daran erinnern - zu erpressen versuchen. Auch er kommt übers Mittelmeer nach Italien, lebt dort für einige Zeit in einer Stadt am Tyrrhenischen Meer und erreicht schließlich Deutschland.

In Rassnach wohnt er mit Mamadou, zusammen mit zwei anderen Asylbewerbern, in demselben Zimmer – bis eben Mamadou ins Kirchenasyl kommt. Als nun Jakob (den „Pfarrer" durfte ich schon bald weglassen) sich langsam um das Praktikum für Mamadou bemühte, kam Ingrid und mir die Idee, ob Jakob nicht vielleicht auch für Oumar eine Lehrstelle auftun könnte. Hier in Rassnach hätten wir so viele Asylbewerber unterzubringen, so unsere Argumentation, Schneelach, ohne Asylunterkunft, vertrüge doch bestimmt auch einen zweiten Schwarzen und zudem wäre es ja nicht schlecht, wenn man ab und zu ein Schwätzchen mit einem Landsmann halten könnte. Und Jakob, die gute Seele, fand tatsächlich für Oumar eine Baufirma, die ihn nach einer Vorstellung im Betrieb evtl. in einem Praktikum einmal testen wollte. Sofort versuchte ich, Oumar mit ein paar

Grundbegriffen aus dem Bauwesen (Ziegel, Mauer, Kelle etc.) und einer Art Vorstellungsvortrag („Ich heiße.., ich komme aus...") auf diesen Termin vorzubereiten.

Als es dann so weit war, brachte er jedoch, wissend um seine vielleicht einzige Chance hier in Deutschland, vor lauter Aufregung kaum ein Wort heraus. Wie gut, dass es Betriebsinhaber und Ausbilder gibt, die für so etwas Verständnis haben. Ich konnte ihnen nur versichern, dass er eine menschliche Perle sei, dass Respekt, Fleiß, Ausdauer, Pünktlichkeit usw. ihn auszeichneten. Und so wurde auch Oumar zu einem dreiwöchigen Praktikum nach Schneelach eingeladen – zur selben Zeit wie Mamadou in seiner Bäckerei.

Für Ingrid und mich hieß das: Jetzt wird das Lernprogramm intensiviert! Täglich hatten die beiden bei uns vorbeizukommen um gemeinsame Spaziergänge zu unternehmen. So boten sich von „Asphalt bis Zebrastreifen" ganz zwanglos Sprechanlässe und damit einhergehend eine gewisse Wortschatzerweiterung. Anschließend bearbeiteten wir immer zusammen ein Lehrwerk. Im März 2016 verfrachteten wir die

beiden nach vielen, vielen Verhaltensbeleh-
rungen dann zu Jakob und Amalie, die sie
in den drei Wochen beherbergten und die
auch dafür sorgten, dass Mamadou rechtzeitig in die fünf Kilometer entfernte Bäckerei zur Arbeit kam. Und es klappte:
Beide zeigten sich äußerst willig und stellten sich recht geschickt an - und erhielten
jeweils eine Lehrstellenzusage!!!

Nun waren „nur noch" Zimmer zu finden
und Formalien zu erledigen. Mit einer
Überzeugung, die nur jemand haben kann,
der das noch nie gemacht hat, erklärten
wir den Betriebsinhabern, dass dies schon
klappen würde. Und irgendwie schafften
wir das auch –aber fragen Sie bitte nicht,
wie. Trotz Nachfrage von Jakob im Pfarr-
brief waren keine zwei Einzelzimmer auf-
zutreiben (Bäckerei und Baugeschäft sind
fünf Kilometer voneinander entfernt, Füh-
rerschein irgendeiner Art darf –und kann -
ein Asylbewerber nicht machen), und so
blieb nur das einzige Angebot für eine gemeinsame Zweizimmerwohnung: im Nach-
hinein ein Glücksfall. Ausgestattet mit einer schönen Einbauküche samt Geschirr,
mussten Ingrid und ich nur noch Betten,
Matratzen und andere notwendige Haus-

haltsutensilien besorgen, die Waschmaschine stiftete Jakob und den Fernseher das Vermieterehepaar (!), das keine Berührungsängste mit Andersfarbigen hatte und sie schon bald „unsere Buam" nannte.

Das klingt jetzt ziemlich einfach, aber da Mamadou und Oumar ja Asylbewerber sind, müssten sie eigentlich in einer Gemeinschaftsunterkunft für Flüchtlinge wohnen. In Schneelach gibt es aber keine, und außerdem liegt Schneelach in einem anderen Landkreis. So mussten wir bei der Bezirksregierung Anträge auf private Wohnungsnahme stellen. Sebastian, der Asylberater der Caritas, leitete das zunächst schriftlich in die Wege, war dann aber in Urlaub – und die Zeit drängte. Wir nahmen nun telefonischen Kontakt mit den zuständigen Stellen auf, die uns genau erklärten, dass außer der Bewilligung einer Ausbildungsaufnahme von Seiten der örtlichen Ausländerbehörde schriftliche Vermietungszusage und unterschriebene Lehrverträge von Nöten seien, um die Anträge zu prüfen. Welcher Vermieter, welcher Ausbildungsbetrieb macht diese Zusagen ohne die Gewissheit, dass der Antrag auch bewilligt wird? Wir, besser gesagt, die beiden Jungs, hatten das Glück!

Letztendlich erteilten dann auch die zuständigen Stellen der Bezirksregierung sehr zügig die Bewilligung, woraufhin mich die zuständige Dame der Handwerkskammer extra anrief, um mir zu dieser zeitlichen Meisterleistung zu gratulieren. Und ich muss und möchte hier auch noch ganz besonders Gerhard erwähnen, der in dem Hundert-Mann-Betrieb für Oumars Ausbildung zuständig ist und mit dem mich auf Grund „unserer gemeinsamen Mission" mittlerweile freundschaftliche Bande verbinden. Wie oft musste und muss ich ihn bei der Arbeit stören, weil dies und das benötigt wird, weil Oumar einen neuen Lattenrost braucht, weil ..... Er ermöglichte Oumar die Aufnahme in den örtlichen Fußballverein, machte ihn zum Torwarttrainer für eine Schülermannschaft, fuhr mit zu einem Anwaltstermin, sprach in der Ausländerbehörde vor ... . Er spielt stets Vorreiter bei Anträgen etc., so dass dann der Bäckermeister als Inhaber eines eher kleinen Handwerksbetriebes sich damit leichter tut.

Zurück zur zeitlichen Abfolge: Während im Frühjahr/Sommer 2016 der „Antragswust" zu erledigen war, kam es im Zimmer in der Unterkunft in Rassnach, das auch unsere beiden Jungs aus Mali bewohnten, zu einer tätlichen Auseinandersetzung, die in einer totalen Verwüstung des Zimmers endete (Ingrid berichtet darüber in einem anderen Zusammenhang). Zum Schutz der beiden und eben wegen der Unbewohnbarkeit boten wir ihnen an, kurzfristig bei uns im Haus zu wohnen. Oumar nahm das gerne an. Er wohnte knapp sechs Wochen bei uns, er war nicht Gast, er war Familienmitglied . Er ging frühmorgens zum Bus, um den ganztägigen Unterricht in Denkelstadt zu besuchen, in den wir mit Hilfe der sehr geschätzten Verantwortlichen in der Agentur für Arbeit die beiden noch hineinvermittelt hatten. Er räumte das Frühstücksgeschirr ab (Ingrid und ich schliefen noch), er deckte für uns den Tisch, er zog die Dusche ab, er verlangte unaufgefordert nach dem Staubsauger um sein Zimmer sauber zu halten … . Lediglich das „Sitzpinkeln" musste ich ihm beibringen, „aus Achtung vor den Frauen, die bei uns meist das Putzen übernehmen". Am frühen Abend kam er nach Hause, wir übten abwechselnd noch Deutsch oder Mathematik – ein Traumsohn!

Bei einem Ausflug mit dem Auto sahen wir, wie zwischen einem Neubaugebiet und der Straße ein Erdwall aufgeschüttet wurde. Ich erklärte Oumar, dass das geschehe, um die Bewohner vor dem Verkehrslärm zu schützen. „Das ist Respekt!", war seine Antwort - und ich wusste, er hatte alles verstanden!

Mamadou, der auch in Denkelstadt viele Kontakte hatte, wollte lieber dort unterkommen. Das war dann auch die Zeit, wo uns Mamadou fast entglitten wäre. Er lernte dort das leichtere Leben kennen, er durfte oft mit nach München fahren, ob ins Fußballstadion oder zu einem Modelwettbewerb. Er war stets stylisch gekleidet, hatte immer Geld – und schwänzte gelegentlich den Unterricht. Gott-sei-Dank rief uns deshalb die Kursleiterin an! Ich vereinbarte daraufhin einen Termin mit Jakob, um mit einem Gespräch unter Männern Mamadou wieder in die Spur zu bringen. Wir zeigten zwar Verständnis dafür, dass ein junger Mann mit so einem Lebenshintergrund einfach mal „genießen" möchte, machten ihm aber unmissverständlich die Folgen klar, die ein „weiter so" gerade für einen Asylbewerber haben könnte. Und Mamadou verstand, bedankte sich und war ab sofort wieder der „alte".

Ein paar Tage vor Ausbildungsbeginn stand dann der Umzug an. Echte neun Stunden verbrachten die beiden sowie Ingrid und ich an einem Tag damit, die letzten bürokratischen Hürden zu nehmen. Von der Anmeldung bei der Krankenkasse (natürlich war das schon vorher angeleiert) über Ausländerbehörde im neuen Landkreis zur Anmeldung am neuen Wohnsitz bis zum Eröffnen bzw. Umschreiben des Girokontos – es war ein Marathon, bei dem jeder Schritt davon abhing, ob der vorhergehende schon geklappt hatte. Aber mit dem Mut des Unwissenden und der tatkräftigen Mithilfe von Jakob und Amalie sowie den beiden Ausbildungsbetrieben legten wir schließlich eine Punktlandung hin.

Jakob organisierte dann zusätzlichen Unterricht in Deutsch und Mathematik (ohne die freiwilligen Lehrerinnen in Schneelach wären die Erfolgsaussichten in der Berufsschule sehr gering!). Die beiden Jungs spielen in Nachbarfußballvereinen (so bekommt jeder andere Kontakte!), und wenn an Weihnachten der Chef von Mamadou in einer E-Mail schreibt, er wäre froh, ihn eingestellt zu haben, weil er sehr lernwillig und für das Betriebsklima ein Gewinn ist, wenn Oumars Ausbilder, mit dem ich in ständigem Telefonkontakt stehe, mir mitteilt, dass auch die Arbeitskollegen Oumar sehr schätzen (und auf dem Bau muss sich ein Schwarzer erst einmal beweisen!), dass Wind und Wetter ihm nichts auszumachen scheinen – dann weiß man, warum man sich engagiert (hat).

Und wenn, was auch nicht ausbleibt beim Zusammenleben in einer Wohngemeinschaft, einmal aus nichtigem Anlass dicke Luft herrscht zwischen den beiden, wenn man dann zu den beiden fährt und ihnen klar macht, dass sie noch genügend Schwierigkeiten zu überwinden haben werden und deshalb tunlichst selbstgeschaffene Probleme vermeiden und sich die Hand geben sollten – wenn man dann am nächsten Tag von Mamadou angerufen wird und er sich für das „Levitenlesen" bedankt, ist man gerührt, stolz und bereit weiter zu helfen.

So besuchen Ingrid und ich die beiden mindestens einmal im Monat im 65 km entfernten Schneelach um ihre „Lebensführung" zu kontrollieren. Woher sollten sie auch wissen, wie man Kontoauszüge liest und einordnet, wie man im Winter die Wohnung richtig lüftet .... Und Gott-sei-Dank haben die „zwei Schwarzen in Schneelach" auch eine Bleibeperspektive: Da sie die Ausbildung bereits begonnen haben, dürfen sie, unabhängig vom Ausgang ihrer Anhörung auf Erteilung von Asyl zunächst ihre Lehre beenden und bei Übernahme in ein festes Arbeitsverhältnis auf alle Fälle zwei weitere Jahre bleiben. Liegen sie nachher nicht dem deutschen Staat auf der Tasche, das heißt finden sie weiterhin Arbeit, so bekommen sie normalerweise eine Verlängerung der Aufenthaltsgenehmigung.

Oumar kann mittlerweile mit Erspartem von seiner Ausbildungsvergütung selbst die Krankenhausbehandlung seiner Mama bezahlen, der ein Bein abgenommen werden musste. Und Mamadous Eltern sind in Tränen ausgebrochen, als sie über Umwege – ein Freund Mamadous konnte Kontakt zu einem seiner Brüder aufnehmen - nach gut vier Jahren erfahren haben, dass ihr Sohn lebt.

Yamal aus Eritrea

Yamal, 26, war in Eritrea nur drei Jahre in die Schule gegangen. Als ich ihn kennenlernte, war er seit sieben Monaten in Deutschland, und ich konnte mich mit ihm schon gut unterhalten. Die meisten Eritreer können kein Englisch, geschweige denn Französisch, und Tigrinya oder Arabisch kann ich halt nicht.

Yamal saugte Informationen aller Art wie ein Schwamm auf und war bereit Tag und Nacht zu lernen. Von einem gängigen Lehrbuchverlag kann man kostenlos Online-Übungen herunterladen, was ich ihm beibrachte. Kurz zuvor hatten die Asylbewerber in der Unterkunft in Oberstätten auf Franziskas Initiative hin fünf gebrauchte Computer erhalten. Wir konnten also loslegen. Yamal war begeistert: Endlich konnte er selber lernen und auch seine Lernfortschritte kontrollieren.

Als er in eine von der Agentur für Arbeit geförderte Maßnahme kam, war er wieder einer der Musterschüler. Auch ein Praktikum in einer Kfz-Werkstatt in Rassnach hatte er dermaßen erfolgreich abgeschlossen, dass ihm sofort eine Lehrstelle angeboten wurde.

Zwischenzeitlich hatte er aber auch ein Praktikum in einer Münchner Bäckerei absolviert. Auch dort hätte man ihn gerne als Auszubildenden gehabt. Hin- und hergerissen, wusste er nicht, was er tun sollte, entschied sich aber letztendlich aus Dankbarkeitsgründen (auf die ich später noch zu sprechen komme) für die Ausbildung zum Bäcker. Im Februar 2016 begann er die Lehre in München. Zwei Monate später, als er wieder einmal nach Oberstätten kam, staunte ich Bauklötze: Sein bis dahin schon sehr gutes Deutsch hatte sich noch einmal gewaltig verbessert. Der Grund dafür war, dass Yamal bei einem Ehepaar in München quasi an Kindesstatt angenommen worden war. Wie es dazu kam? Das ist die Geschichte von Osman aus Somalia.

Osman aus Somalia

Osman hatte eine lange Odyssee aus Somalia über Äthiopien hinter sich. Seine Familie hatte Somalia verlassen müssen und, wie viele andere, in Äthiopien Zuflucht gefunden. Eine Zukunft gab es auch dort nicht, weswegen Osman auf den Weg nach Europa geschickt wurde. Mit vielen Unterbrechungen, da die Familie immer nur für kurze Etappen Geld auftreiben konnte, ging es wieder weiter, bis Osman mit 17 Jahren endlich in Deutschland ankam. Damals, noch in München, bekam er die Diagnose Haut-TBC, musste also stationär aufgenommen werden. Das war sein großes Glück: Seine Ärztin, mit Wurzeln in Niederbayern, nahm sich seiner an. Noch im Krankenhaus lernte er Deutsch, und der Kontakt brach auch nach seiner Entlassung nach Oberstätten nicht ab. Es folgten Besuche, Ausflüge in die Berge, Wochenendunternehmungen etc.. Yamal, der ,erstbeste Freund' von Osman, war bald auch ein Freund der Münchner Familie. So besorgten Osmans Sponsoren die Praktikumsstelle für Yamal, und ...... siehe oben!

Osman hatte acht Jahre die Schule besucht und einen mittleren Bildungsabschluss erlangt. Auch er kam in eine Maßnahme der Agentur für Arbeit und machte ein Praktikum bei einer großen Elektrofirma in der Kreisstadt, die ihm für den Herbst eine Lehrstelle anbot. Bis dahin konnte er sich schon als Helfer in dieser Firma etwas Geld verdienen. Zwischendurch zweifelte er oft daran, ob er die Ausbildung schaffen würde. Vor Mathematik und Physik hatte er richtig

Angst. Erst als eine ehemalige Lehrerin ihm in diesen Fächern half, gewann er sein Selbstvertrauen zurück. Inzwischen hat er das erste Halbjahr der Ausbildung gut hinter sich gebracht, immer noch begleitet von seiner Lehrerin.

Zu Beginn seiner Helfertätigkeit war er von Oberstätten in die Umgebung von Denkelstadt umgezogen, anders wäre der Weg zur Arbeit mit öffentlichen Verkehrsmitteln nicht machbar gewesen. Weihnachten hat er uns in Rassnach besucht. Er ist sehr glücklich und die Arbeit macht ihm viel Spaß.

Leider kann man durch seine Hilfe nicht immer Erfolge wie bei Mamadou und Oumar erzielen. Ein Beispiel hierfür ist

Sekine

Er ist der dritte im Bunde der Asylbewerber aus Mali, 32 Jahre alt, verheiratet und Vater von zwei Kindern. Auch er hatte weit abseits von größeren Städten auf dem Land gelebt, auch er war wie Mamadou totaler Analphabet. Sein Traum war es nach einiger Zeit Frau und Kinder nach Deutschland nachkommen zu lassen – ob dieser Traum jemals Wirklichkeit werden wird, wage ich zu bezweifeln.

Liegt es an seinem schon relativ fortgeschrittenen Alter, liegt es an nicht ganz so hoher Intelligenz – jedenfalls machte Sekine trotz größter Anstrengung und höchster Beständigkeit nur langsame Fortschritte im Deutschen. Er war immer äußerst liebenswürdig und zuvorkommend, respektvoll und nach außen hin gut gelaunt – dass er nachts oft nicht schlafen konnte, weil er seinen Kopf aus Sorge um seine Familie nicht frei bekam, wussten nicht alle.

Er war einer der ersten in meinem Kurs, die Geburtstag hatten. Als ich ihm, der sich dieses Tages gar nicht bewusst war, hierzu gratulierte und die ganze Gruppe ihm ein höchst improvisiertes „Happy-birthday" sang, weinte er vor Freude. Noch nie in seinem Leben hatte ihm jemand gratuliert!

Kurz nach seinem Ehrentag musste Sekine ins Krankenhaus nach Denkelstadt. Wie auch manche andere Flüchtlinge hatte er auf Grund von Mangelernährung nicht-ansteckende TBC. Ich wollte ihn eigentlich ins Krankenhaus fahren, Sekine aber war schon weg. Mit dem Fahrrad war der TBC-Kranke angereist, 15 km auf bergiger Strecke. Selbstverständlich fuhr er auch wieder mit dem Fahrrad nach Hause. Ich musste ihm dann nur mehr erklären, was das handgeschriebene 2-0-2 auf der Medikamentenpackung bedeutete.

Sekine war das ausgleichende Moment im Kurs, er war nach mir der „Opa". Nach dem - von Ingrid schon beschriebenen - Ausscheiden Mohammeds aus dem Arbeitsverhältnis bei Maria versuchten wir ihn dort unterzubringen. Doch trotz größter Langmut von Seiten Marias klappte das

leider nicht: Seine mangelnden Deutschkenntnisse sowie die nicht gerade schnelle
Auffassungsgabe verhinderten eine längere
Beschäftigung. Mohammed war einfach zu
perfekt gewesen!

Zwischenzeitlich wird Sekine in von der
Agentur für Arbeit vermittelten Deutsch-
kursen beschult, in denen die Teilnehmer
auch Praktika in diversen Betrieben ableis-
ten müssen. Doch obwohl Sekines Verhalten (Pünktlichkeit, Höflichkeit etc.) vorbild-
lich ist, hat es bis jetzt nicht zu einer Pro-
beanstellung gereicht. Aus dem scheinbar
so fröhlichen Sekine ist dadurch mittlerweile ein etwas deprimierter Familienvater
geworden, der jedoch – und darum beneide
ich ihn fast – so stark in seinem Glauben an
Allah verwurzelt ist und sich damit trösten
kann, dass Gott die Geschicke lenkt und irgendwann (und sei es in einem späteren
Leben) sich alles zum Guten wenden wird.

Lamin aus dem Senegal

Lamin hatte ich noch in Oberstätten als schwachen, eher unzuverlässigen Schüler kennengelernt. Wenn er etwas brauchte, kam er, ansonsten machte er sich rar. Nach seiner Verlegung von Oberstätten nach Rassnach besuchte er jedoch regelmäßig Werners Alphabetisierungskurs und zugleich meinen Anfängerkurs. Auch bei ‚Quatschen mit Michelle‘ (ein Kursangebot, das in einem späteren Zusammenhang noch Erklärung findet) war er immer dabei. Leicht hatte er sich nie getan, aber er war auf einmal ein zuverlässiger Schüler, der auch seine Hausaufgaben gewissenhaft erledigte.

Beim Kleiderbasar im November 2015 war er eine große Hilfe, und so sollte er seine Chance auf eine Arbeitsstelle erhalten. Bei einer ortsansässigen Bäckerei erhielt er einen Praktikumsplatz. Natürlich musste das vom Landratsamt genehmigt werden, was normalerweise nie länger als drei Wochen dauerte, meistens aber innerhalb einer Woche erledigt war. Der Antrag musste von der zuständigen Stelle lediglich nach München an die Ausländerbehörde weitergereicht werden und wurde praktisch immer genehmigt, eigentlich eine reine Formsache.

Als wir nach drei Wochen noch keine Benachrichtigung erhalten hatten, riefen wir im Landratsamt an. Dort wurde uns mitgeteilt, dass der Sachbearbeiter im Urlaub sei. Normalerweise gibt es für solche Fälle eine Vertretung, die es auch tatsächlich gab. Der Vertreter wollte aber seinem Kollegen ‚nicht ins Handwerk pfuschen' und lehnte eine Bearbeitung des Antrags ab.

Nach fünf (!) Wochen, der Sachbearbeiter war inzwischen seit einer Woche aus dem Urlaub zurück, fuhren wir nach Denkelstadt, um vor Ort die Sache voranzutreiben. Im Büro des Sachbearbeiters kam es zu einer lautstarken Auseinandersetzung. Er fand den Antrag in einem von zwei unerledigten Aktenstapeln und sagte, das wäre das Letzte, was er bearbeiten würde. Wutentbrannt verlangten wir die Herausgabe des Antrags und gingen damit direkt zum Landrat. Der versprach uns sich persönlich um die Sache zu kümmern und uns am übernächsten Tag telefonisch zu informieren. Wir trauten uns an diesem Tag nicht aus dem Haus, hätten wir doch den Anruf des Landrats verpassen können. Der hatte es aber offensichtlich nicht so ernst gemeint. Wie sein Sekretariat uns mitteilte, sei er sowohl diesen Nachmittag als auch den ganzen nächsten Tag außer Haus. Also rief ich wieder beim Sachbearbeiter an. Er hatte den Antrag am gleichen Tag noch vom Landrat zurückbekommen, es aber nicht für nötig gehalten, ihn weiterzuleiten, sprich in einen Umschlag zu stecken und an die Ausländerbehörde zu schicken: eine Arbeit, die er an eine Sekretärin delegieren hätte können! Ich wurde richtig ärgerlich. Der Sachbearbeiter jammerte: „Jetzt stehlen Sie mir schon wieder fünf Minuten meiner kostbaren Zeit." Darauf ich: „Ich lege sofort auf, wenn Sie mir garantieren, dass das Schreiben noch heute rausgeht." Das tat es dann auch, und drei Tage später war die Erlaubnis da.

Zwischenzeitlich hatte ich mindestens einmal die Woche Kontakt mit der Bäckerei, die andere Bewerber um die Praktikumsstelle gehabt hätte, diese dankenswerterweise jedoch für Lamin vorgehalten hatte. Leider kam es nicht zu einem Arbeitsverhältnis. Lamin war zwar absolut zuverlässig, motorisch aber nicht dem geforderten Arbeitstempo gewachsen.

Über diese, wiederholt negative Erfahrung mit dem Landratsamt in Denkelstadt und dem Landrat, der sich bei jeder passenden oder unpassenden Gelegenheit negativ über die Asylbewerber äußerte, machte Werner sich Luft mit folgendem Leserbrief, wohl wissend, dass sich dadurch nichts ändern würde. Gut taten die vielen Anrufe und auch E-Mails von anderen Freiwilligen, die Ähnliches mit dieser Behörde erlebt hatten. Leider traute sich niemand öffentlich unsere schlechten Erfahrungen zu bestätigen.

Langsam reicht's!!

Beteuerungen des Landrats bei Neujahrsemp-
fängen und Weihnachtsfeiern etc., wie wichtig
die Arbeit der Ehrenamtlichen bei der Bewälti-
gung der Asylsituation ist, sind schön und gut,
helfen vor Ort aber nicht weiter. Wesentlich
mehr bewirken würden jedoch echte Unterstüt-
zung sowie energisches Durchsetzen des Landrats als Behördenchef.

Beispiel 1: Eine Firma in R., die dringend Ar-
beitskräfte sucht, will nach einem Vorstellungsgespräch einen Asylbewerber einstellen, möchte
ihn aber vorher in einem Praktikum testen. Sie
stellt den Antrag bei der zuständigen Ausländerbehörde im Landratsamt. Es folgt wochen-
langes Warten – Kopfschütteln im Betrieb, Ner-
venanspannung beim Asylbewerber und den
Helfern. Endlich wird es uns zu bunt, wir fahren nach fünf (!!) Wochen ins Landratsamt zum
zuständigen Beamten. Dieser kramt ein bisschen rum, findet den Antrag und teilt uns mit,
er sei noch nicht weitergeleitet, das sei das letzte, das er erledige. Nach Übergabe eben dieses
Antrages von uns an den Landrat sichert dieser
uns zu sich persönlich darum zu kümmern. Der
für den übernächsten Tag versprochene Rück-
ruf des Landrat bleibt leider aus, also rufen wir

wieder bei eben diesem Beamten an und wollen wissen, wie es um den Antrag, der lediglich nach München weitergeleitet werden muss, steht. Auskunft: Der Antrag kam vom Landrat an ihn zurück, er liege wieder bei ihm, wir würden ihn schon wieder fünf Minuten seiner Arbeitszeit kosten.

Beispiel 2: Senegalesen dürfen nach telefonischer Auskunft eben dieses Beamten in Arbeit vermittelt werden, wenn der Asylantrag vor dem August 2015 gestellt wurde. Praktikumsstellen müssen neuerdings jedoch direkt bei der Agentur für Arbeit beantragt werden. Eine sehr engagierte und hilfsbereite Bearbeiterin dort (vielen Dank, wenigstens ein Lichtblick!!) kann sich verständlicherweise nicht auf unsere Auskunft verlassen, sie versucht seit Wochen, per E-Mail oder Telefon Kontakt mit eben diesem Beamten aufzunehmen – er ist nicht erreichbar beziehungsweise reagiert nicht auf die Mails.

Wir, die Leserbriefschreiber, erteilen ehrenamtlich Deutschunterricht hier in R. und sind insgesamt im zweistelligen Stundenbereich in der Asylbewerberunterstützung tätig. Wir kommen damit dem christlichen Gebot der Nächstenliebe nach. Zudem meinen wir sagen zu können, dass wir, wie alle Menschen im Helferkreis hier in R. und im ganzen Land, durch unsere Arbeit eine ganze Menge zur Befriedung der Asylsituation vor Ort beitragen. Wir vermitteln den Asylbewerbern Werte wie etwa Gleichberechtigung oder Rechtsstaatlichkeit, wir erziehen sie zu Pünktlichkeit und Ausdauer. Wir reißen uns, um es drastisch zu sagen, „den Arsch auf", um Asylbewerber in Arbeit oder Lehrverhältnisse zu bringen – auch, damit sie nicht mehr dem Staat auf der Tasche liegen. Genauso wie alle anderen Helfer hier wie im ganzen Land nehmen wir Aufgaben wahr, die der Staat nicht zu leisten vermag, wir bekommen dafür keinen Cent, wir buhlen auch nicht um Anerkennung, aber man sollte uns wenigstens nicht „ins Leere" arbeiten lassen, man sollte uns wenigstens keine Knüppel zwischen die Beine werfen!!

Wollen wir Integration oder ist es besser, wenn die Asylbewerber in den Unterkünften in R., O. und anderswo „vergammeln" – mit Folgen, wie man an dem straffälligen Verhalten einiger sehen kann, die wir mit unserem Hilfsangebot leider nicht erreichen können. Sitzt vielleicht an der Stelle im Ausländeramt der falsche Mann, der mit Flüchtlingen und unwortbehafteten Gutmenschen eigentlich gar nichts zu tun haben möchte? Helfen Sie uns, Herr Landrat, wie auch immer!! Der Frust ist groß. Ginge es nicht um Menschen, die unserer Hilfe bedürfen, wir würden schon lange – und nicht nur wir – alles hinschmeißen. Und bedenken Sie bitte nicht nur in Sonntagsansprachen, welche gesellschaftliche Leistung die ganzen Helferkreise erbringen!

Kurz nach Einreichung des Leserbriefs an die Redaktion teilte der Landrat den Schreibern telefonisch mit, dass der besagte Antrag mittlerweile weitergeleitet sei und er sich nächste Woche um das Verhältnis Ehrenamtliche - Behörden kümmern werde. Da die Schreiber der Ansicht sind, in ihrem Leserbrief auch die Meinung vieler anderer Ehrenamtlicher zu vertreten, wollten sie diesen dennoch abgedruckt wissen.

Aboubacar und Mahanta aus dem Senegal

Aboubacar und Mahanta gehörten mit gut 30 Jahren schon zu meinen älteren Schülern. Aboubacar hatte viele Jahre als ‚Ingenieur' und Mahanta als Maurer im Senegal gearbeitet. Da beide sich relativ gut auf Deutsch verständigen konnten, konnte ich sie, zunächst als Saisonarbeiter, jedoch mit der Option auf eine Festanstellung auch während des Winters, in einen Vergnügungspark vermitteln. Wie gewohnt, mussten viele Hürden bei den zuständigen Behörden genommen werden, letztendlich bekamen aber beide ihre Arbeitserlaubnis, und auch eine Mitfahrgelegenheit zum acht Kilometer entfernten Arbeitsplatz konnte gefunden werden. Stolz probierten sie ihre Arbeitskleidung: hellblaue Polohemden und Sweatshirts mit dem bunten Logo des Freizeitparks - ein schöner Kontrast zu ihrer tiefschwarzen Haut.

Knapp eine Woche vor ihrem ersten Arbeitstag bekamen sie ein Schreiben der Ausländerbehörde in Denkelstadt, die Arbeitsgenehmigungen seien zurückgenommen worden: Senegalesen war die Arbeitsaufnahme inzwischen verboten. Wir setzten alle Hebel in Bewegung, diese Entscheidung rückgängig zu machen. Schließlich hatten die Arbeitgeber die beiden fest eingeplant und auf die Schnelle wäre kein Ersatz zu finden gewesen. Endlich grünes Licht!

Die Arbeitserlaubnis war bis Ende Oktober erteilt worden. Die Betreiber des Vergnügungsparks waren so zufrieden mit der Arbeit der beiden Asylbewerber, dass sie diese gerne weiterbeschäftigt hätten um über den Winter notwendige Wartungsarbeiten durchzuführen. Die zwei waren auch am Ende eines Zehn-Stunden-Arbeitstages immer noch zu einem Lachen aufgelegt, wo andere Mitarbeiter nur noch Missmut zeigten. Leider erteilte unser Landratsamt keine Verlängerung der Arbeitserlaubnis, zum tiefen Bedauern aller Beteiligten.

Taher aus Syrien

Tahers Vater ist Syrer, seine Mutter kommt aus dem Iran, Taher selbst hat die syrische Staatsbürgerschaft. In der Unterkunft in Oberstätten war er ein Außenseiter. Sehr in sich gekehrt, belastete ihn das Zusammenleben mit drei anderen, teils sehr lebhaften jungen Männern in einem kleinen Zimmer, sehr. Ab und zu nahm er sich seine Auszeit. Er kaufte sich dann eine Flasche Schnaps, die er zügig austrank und worauf er dann leider immer aggressiv wurde. Bei der Polizei war er kein Unbekannter. Entweder wurde er handgreiflich seinen Mitbewohnern gegenüber oder er schlug schon mal Fenster und Türen ein. Deutschlernen wollte er auch nicht. Ich kannte ihn nur flüchtig von Besuchen in der Unterkunft.

An einem Sonntag im Frühsommer 2016 war ich gerade auf dem Weg zum Unterricht in Rassnach, als mich Idris (einer meiner Anfänger) und Taher aufhielten. Es war schwierig zu verstehen, was sie wollten. Schließlich erklärte Taher mir auf Französisch, dass er eine Anzeige im Internet gefunden hätte, in der ein Zimmer in Rassnach angeboten würde. Eine Adresse hatte er leider nicht, jedoch die Handynummer des Vermieters. Also rief ich dort an, das Zimmer war aber leider schon vergeben.

Nach und nach (Tahers Französisch hat nur entfernte Ähnlichkeit mit meinem Schulfranzösisch) bekam ich seine Odyssee der vergangenen Wochen zusammen. Er hatte seine Aufenthaltserlaubnis für

Deutschland bekommen und musste somit die Unterkunft in Oberstätten schnellstmöglich verlassen. Die Lage am Wohnungsmarkt war schon so angespannt, dass er kein Zimmer finden konnte. Die Hausmeisterin in Oberstätten setzte ihn dermaßen unter Druck, dass er schließlich durch halb Deutschland tingelte, teils bei Bekannten, teils in Bahnhöfen oder in Parks schlief. Er hatte damals kein Bankkonto und so bekam er natürlich auch kein Geld mehr. Nach ein paar Wochen kam er völlig abgerissen, jedoch mit einigen Anzeigen wegen Schwarzfahrens nach Oberstätten zurück und zog wieder in die Unterkunft, was aber nicht mehr geduldet wurde, da das Landratsamt die monatlichen Zahlungen an ihn und den Vermieter eingestellt hatte. Schließlich ging ich zum Bürgermeister und bat, Taher im Obdachlosencontainer in Rassnach unterzubringen. Dort kam er endlich zur Ruhe. Es fehlte zwar an allem, zumindest aber hatte er ein Bett, einen Tisch mit zwei Stühlen, einen Schrank, eine Kochplatte und ein eigenes Bad. Viele Kleinigkeiten wie Geschirr, Besteck, Topf, Pfanne, Handtücher, Bettwäsche, Reinigungsmittel...... und vor allem ein Kühlschrank mussten erst besorgt werden. Also rief ich Andrea an, die gerade ihren Keller entrümpelte und mir vorher schon Geschirr angeboten hatte. Von ihr kam auch der dringend benötigte Kühlschrank. Dann setzte ich mich mit der Caritas in Verbindung, die ein Esspaket und etwas Überbrückungsgeld beisteuerte.

Taher meldete seinen Wohnsitz in Rassnach an, und wir eröffneten ein Konto für ihn. Dann ging es ins Jobcenter - der ganze behördliche Rattenschwanz halt, den er nie alleine geschafft hätte. Auf diese Weise war ich fünf Tage nur mit Taher beschäftigt. Er war inzwischen ausgeglichen, fröhlich und sehr respektvoll und sprach mich stets mit ‚Madame' an, obwohl ich ihm das ‚Du' angeboten hatte. Eine Gegenleistung verlangte ich allerdings von ihm: Er durfte keinen Alkohol mehr trinken. Sein Container war für ihn das Paradies: ruhig, obwohl direkt am Kreisverkehr gelegen, jedoch ohne störende Mitbewohner. Er bekam jetzt auch Besuch von anderen Asylbewerbern, allen voran Idris und Musa aus Eritrea, und ich lernte seinen Pfefferminztee zu schätzen.

Nach fünf Tagen bekam ich einen Anruf von der Gemeinde. Taher sollte in eine Unterkunft für anerkannte Flüchtlinge in P. umziehen, die ebenfalls dem Vermieter von Oberstätten und Rassnach gehört. Mir graute etwas davor ihm beibringen zu müssen, dass er schon wieder aus seiner ‚gewohnten' Umgebung gerissen wurde. Ich redete ihm sein neues Umfeld schön, ohne die Unterkunft zu kennen, machte ihm aber die Bahnanbindung und die Nähe zur nächst größeren Stadt schmackhaft.

Nach ein paar Wochen rief er mich an und bedankte sich noch einmal. Er hatte jetzt ein Zimmer für sich und war fast ausschließlich mit anderen Syrern untergebracht. Auch hatte er einen Deutschintegrationskurs angefangen und war offenbar endlich in Deutschland ‚angekommen‘.

Mahmud

kommt aus Malis Nachbarland, dem Senegal. Er war 19 Jahre alt, hatte einen achtjährigen Schulbesuch hinter sich und war der beste in meiner Gruppe, weshalb er auch der erste war, der in Ingrids Kurs wechselte. Bis es so weit war, zeigte er sich trotz offensichtlicher Unterforderung niemals ungeduldig, vielmehr half er den Schwächeren und war trotz seines offensichtlichen intellektuellen Vorsprungs kein bisschen überheblich (wie überhaupt nie, wie bei uns ja oft festzustellen ist, ein Asylbewerber auf andere herabgeschaut hat). Nach etwa einem Jahr Beschulung von mir bzw. Ingrid wollten wir Mahmud ein Praktikum als Fliesenleger, seinem Wunschberuf, ermöglichen. Der örtliche Betrieb zeigte sich an dem intelligenten Burschen zunächst recht interessiert, als aber durch den plötzlichen Stimmungswandel in Deutschland der Senegal als sicheres Herkunftsland deklariert wurde und eine eventuelle Aufnahme einer Ausbildung sehr fraglich wurde, zog der Betrieb die Zusage für ein Praktikum leider zurück. Das traf Mahmud schwer. Er, der sowieso stets etwas in sich gekehrt, etwas deprimiert wirkte, sah offensichtlich keine Perspektive mehr für sich in Deutschland und tauchte von einem Tag auf den anderen unter. Wohin immer du gegangen bist, Mahmud, ich wünsche dir alles Gute. Du wärest ein Gewinn für Deutschland gewesen!

Massire,

der letzte meiner fünf Farbigen, war 25 Jahre alt und kam aus Sierra Leone. Er war der schon von Ingrid beschriebene psychisch Labile, der über Michelle eine Arbeitsstelle in einem Modegeschäft erhielt. Bis zu diesem Zeitpunkt allerdings war Massire in meinem Kurs ein nicht sehr aufnahmebereiter Schüler, was ganz offensichtlich medikamentös bedingt war. Er konnte sich deshalb auch nicht lange konzentrieren und machte nur langsame Fortschritte. Nachdem er die Arbeit in Denkelstadt aufgenommen hatte, konnte er arbeitszeitbedingt nicht mehr regelmäßig an meinem Kurs teilnehmen, er tat das aber, so oft es ging. Und wenn mich heute Massire bei einer Begegnung freudig begrüßt, sehe ich einen muskulösen, attraktiven jungen Mann vor mir, der mit sich und der Welt zufrieden ist. Wie leicht kann es doch oft sein, ein gefühlt sinnloses Leben auf einen Schlag ins Gegenteil zu verkehren!

Eseyas und Semikal aus Eritrea

Eseyas und Semikal waren die beiden ersten Eritreer, die im Frühjahr 2016 ihre Anerkennung als Flüchtlinge und damit einen Pass bekamen. Zu der Zeit waren die Asylunterkünfte noch gut ausgelastet, teilweise wurden aus Zweibettzimmern Vierbettzimmer, indem die Einzelbetten durch Stockbetten ersetzt wurden. Asylbewerber, die ihre Pässe bekamen, mussten von heute auf morgen ihre Zimmer räumen: Sogenannte ‚Fehlbeleger‘ wurden nicht geduldet.

Der Betreiber der hiesigen (und anderer im Landkreis befindlichen Unterkünfte) hatte diese Entwicklung wohl vorausgesehen. Er hatte Immobilien, häufig aufgelassene Wirtshäuser, aufgekauft, notdürftig saniert und dann an anerkannte Flüchtlinge weitervermietet. Das brachte zwar weniger Geld als Unterkünfte für Asylbewerber, war aber immer noch mehr als lukrativ und brachte Mieten, die am ‚normalen‘ Markt nicht zu erzielen gewesen wären.

Eseyas und Semikal wurden also mehr als ‚zeitnah‘ von der Unterkunft in Oberstätten nach Rassnach in das Haus für anerkannte Flüchtlinge umgezogen.

Im Haus untergebracht waren zwei syrische Familien, eine fünfköpfig, die andere vierköpfig mit schwangerer Frau, Eseyas und Semikal und ein Monteur aus Tschechien. Die beiden Familien bewohnten je ein Zimmer, Eseyas und Semikal ein Vierbettzimmer. Küche, Bad und Toilette wurden von allen 12 Bewohnern gemeinsam benutzt.

Eseyas, an anderer Stelle schon als ‚Putzteufelchen‘ erwähnt, beklagte sich bald über den Schmutz im Haus. Er wollte es immer sauber haben und so hielt er die Gemeinschaftsräume stets in Ordnung: Er putzte Herd, Küche, Bad und Toilette, wo immer Zigarettenkippen von den Mitbewohnern zu entsorgen waren. Nie war er der Verursacher des Schmutzes, wollte die Zustände aber so nicht hinnehmen.

Beide Eritreer waren in dem Haus äußerst unglücklich, und so versuchten wir eine Unterkunft für sie in der Kreisstadt zu finden. Die Wohnungsangebote waren nicht sehr zahlreich, trotzdem telefonierte ich alle ab. Mehrfach bekam ich die Ansage: ‚Was? Asylbewerber, die nehme ich grundsätzlich nicht.‘ Letztendlich blieben nur sogenannte Monteurswohnungen übrig, das heißt Zimmer für ein bis zwei Personen mit Bett, Schrank, Tisch, ein bis zwei Stühlen, allerdings Fernseher und W-Lan, Gemeinschaftsküche und Bad für mindestens sechs Personen. Die erste Wohnung, die wir besichtigten, war der pure Horror. Am Telefon erwähnte der Vermieter, wir sollten uns nicht vom Äußeren des Hauses abschrecken lassen, innen sei das Haus renoviert. Wir wurden über eine steile Treppe, fast möchte ich sagen Hühnerleiter, in den ersten Stock geführt. Gerne hätte ich mich am Geländer festgehalten, nachdem ich aber gleich bei der ersten Berührung quasi festgeklebt war, nahm ich lieber einen Sturz in Kauf. Oben angekommen, führte uns der Weg zum Doppelzimmer zuerst durch die Gemeinschaftsküche, wo uns Gestank, schmutziges Geschirr, total vergammelte Essensreste usw. erwarteten. Dann das Zwei-Bett-Zimmer für 250 € pro Person (s.o.): Ich sah meine zwei ‚Asylis‘ an und schüttelte nur den Kopf. Beide gingen aber schon rückwärts aus der Wohnung. Wir waren alle mehr als entsetzt. Ein Mietvertrag kam natürlich nicht zustande. Semikal fand später ein Zimmer im Souterrain eines anderen Hauses, sprich in einem Kellerloch mit winzigem Fenster, auch ein Monteurszimmer: Bett, Stuhl, Tisch, Schrank und natürlich (!) W-Lan für 250 €. Ein Schnäppchen, da inzwischen die Mieten auf 350 € für ein entsprechendes Zimmer angestiegen sind. Eseyas wohnt immer noch in Rassnach, besucht momentan einen Deutsch-Integrationskurs in L. und putzt immer noch in seiner Freizeit in einem Traditionswirtshaus, zur vollsten Zufriedenheit der Besitzer.

Die drei Afghanen

Fatah ist der eingangs erwähnte 26jährige Analphabet, mit dem ich praktisch überhaupt nicht kommunizieren konnte. Keinerlei Englisch, keinerlei Französisch, niemals eine Schule besucht: Buchstabe für Buchstabe, Ziffer für Ziffer mussten hart erarbeitet werden. Zudem war er allem Anschein nach auch nicht sehr intelligent, jedoch sehr überzeugt davon, dass er schon recht gut Deutsch spreche. Er wollte immer den mit diesen Sprachkenntnissen allerdings unmöglichen „Kentekt" (Kontakt) mit jungen deutschen Leuten.

Abdul war, wenn ich das nicht missverstanden habe, in seinem Heimatland bei der Armee gewesen. Er konnte nur ein paar Brocken Englisch, tat sich jedoch entschieden leichter im Alphabetisierungslehrgang. Wenn er auch von rechts nach links und in einer völlig anderen Schrift zu lesen gelernt hatte, so brachte dem 32Jährigen sein Schulbesuch in Afghanistan doch entschiedene Vorteile gegenüber Fatah.

Awel tat sich von den dreien am leichtesten. Er sprach leidlich Englisch und war offensichtlich auch recht intelligent. Der 29Jährige war in Afghanistan Fahrer eines irgendwie gearteten „Behördenchefs" gewesen. Voller Stolz zeigte er mir auf seinem Smartphone Fotos von seinem Chef und sich im Büro und vor allem vor dem sehr gepflegt aussehenden SUV, in dem er seinen Chef chauffierte. Ca. 1000 Dollar, so erzählte er mir, habe er im Monat verdient, ein mehr als guter Verdienst in seinem Land. Eines Tages jedoch seien die Taliban auf ihn zugekommen, er solle doch für sie fahren. Als er das verweigerte, riefen diese seinen Vater an, damit der ihn dazu überrede. Nach mehrmaliger Ablehnung des „Angebots" fingen die Taliban zu drohen an, und schließlich bekam Awel es mit der Angst zu tun. Er floh mit seinem Vater, seiner Frau und den zwei Kindern nach Pakistan zu weitschichtig Verwandten. Er selber machte sich dann auf Richtung Europa, in der Hoffnung, dort Asyl zu finden und später zumindest Frau und Kinder nachkommen zu lassen. Jeden übrigen Euro schickte er seiner Familie, die ja auf Dauer auch nicht ohne Kostenbeteiligung in Pakistan leben konnte.

Das war sicherlich der Grund, warum er und im Schlepptau auch die anderen beiden Afghanen von einem Kursabend auf den anderen plötzlich nicht mehr anwesend waren. Mitbewohner erzählten mir, die drei hätten über Beziehungen zu Landsleuten Arbeit als Putzkräfte in einem oder mehreren Hotels in München gefunden. Und nur zwei Tage später erhielt ich auch einen Anruf von Awerl. Er entschuldigte sich für das Fernbleiben, er bat mich um Verständnis dafür, dass Geldverdienen in seiner Lage eben Vorrang habe und dankte mir für meine Bereitschaft sie zu unterrichten. Das ist Respekt!!!

Gelegentlich, wenn sie arbeitsfrei hatten, kamen die drei noch nach Rassnach. Vor allem Abdul tat sich dabei hervor als einer, der dem Ehemann und Vater einer frisch nach Rassnach gekommenen Familie aus Afghanistan beizubringen versuchte, dass man in Deutschland weder gegen Frauen noch Kinder irgendeine Art von Gewalt anwenden dürfe. Wie ich dann leider später erfahren musste, war Abdul einer derer gewesen, die bei der ersten Massenabschiebung nach Afghanistan im Flugzeug gesessen hatte (Ingrid wird darüber noch berichten). Auch wenn es dir nichts hilft, Abdul: Im Namen von vielen, vielen Deutschen möchte ich mich dafür entschuldigen!

Samba aus dem Senegal

Samba kam mit 18 Jahren nach Rassnach und war damit jung genug in eine Klasse für Asylbewerber an der Berufsschule in Denkelstadt aufgenommen zu werden. Dort gehörte er zu den wirklich guten Schülern. Er absolvierte das erste Schuljahr mit hervorragenden Noten, im Jahr darauf machte er ein Praktikum bei einem Maler, der ihm aufgrund seiner Zuverlässigkeit und guten Arbeit ein hervorragendes Zeugnis ausstellte und eine Ausbildung mehr oder minder zusagte. Das Praktikum hatte im Winter stattgefunden. Samba war jeden Morgen um sechs Uhr mit dem Bus zum Bahnhof nach Denkelstadt gefahren und von dort mit dem Fahrrad mehrere Kilometer weiter nach K. zu seiner Praktikumsstelle. Am Abend das Gleiche in umgekehrter Richtung.

Zum Halbjahr des zweiten Schuljahrs bewarb sich Samba um den Ausbildungsplatz, bekam aber keine Antwort. Wochen-, wenn nicht monatelang wurden zuerst sein Betreuer an der Berufsschule, später ich vom Betrieb hingehalten, wobei aber immer betont wurde, wie zufrieden sie mit Samba gewesen waren. Irgendwann akzeptierte ich, dass er dort nie eine Lehrstelle bekommen würde.

In der Zwischenzeit war der Senegal als sicheres Herkunftsland eingestuft worden, wodurch potentielle Arbeitgeber sich gar nicht mehr trauten einen Senegalesen einzustellen, geschweige denn auszubilden.

Im Juli schickte mir Franziska eine E-Mail. In V., so schrieb sie, gebe es ein Kompetenzzentrum für Gesundheitsberufe, wo in einer Klasse speziell Asylbewerber zu Krankenpflegehelfern ausgebildet würden. Das erste Jahr sei ein reines Schuljahr mit Schwerpunkt Deutsch, Sozialkunde, Mathematik, Physik, Chemie sowie Grundkenntnissen in Anatomie. Das zweite Jahr diene der Berufsausbildung zum Krankenpflege-, wahlweise Altenpflegehelfer. Voraussetzung sei der Hauptschulabschluss, den Aboubacar nach zweijährigem Besuch der Berufsschule in Denkelstadt erreicht hatte.

Also rief ich in V. an, dass ich einen Interessenten hätte, der allerdings Senegalese sei. Kein Problem, auch andere Senegalesen seien in der engeren Wahl. Das erste Schuljahr bedürfe auch keiner Genehmigung des Landratsamts bzw. der Ausländerbehörde, da Senegalesen momentan ein Schulbesuch grundsätzlich nicht verboten sei. Für das zweite Jahr, das Ausbildungsjahr, hoffte die Schulleitung auf die Vernunft unserer bayrischen Staatsregierung, da Pflegehilfskräfte Mangelware sind und bereits viel Geld in die Schulausbildung der Bewerber investiert worden sei.

An dieser Stelle ganz großen Dank an alle Mitarbeiter des Kompetenzzentrums in V. Selten habe ich so engagierte Menschen kennengelernt, die sich auch durch bürokratische Hürden nicht von ihrer Arbeit abhalten lassen und nicht nur redensartlich an ihre Grenzen gehen.

Die ,Assessments' für das Schuljahr 2016/ 2017 waren eigentlich abgeschlossen. Wegen weiterer Bewerbungen wurde aber noch ein zweiter Termin anberaumt. Samba konnte sich aufgrund seiner guten Deutschkenntnisse und seiner bescheidenen Art gegen mehrere Mitbewerber durchsetzen und bekam eine Zusage. Vom ersten Schultag an blühte er richtig auf. War er zuvor wegen seiner beruflichen Perspektivlosigkeit in Lethargie versunken, konnte er jetzt wieder lachen. Zusammen mit seinen neuen Freunden büffelt Samba jeden Tag nach der Schule und auch am Wochenende fleißig. Die Anforderungen an die Teilnehmer sind groß, diese aber hochmotiviert.

Ein erneuter Schock kam im Dezember: Die Ausländerbehörde des Bezirks bestellte per Einschreiben gut 100 Senegalesen zu Sammelanhörungen, die eine Woche dauern sollten, am Münchner Flughafen (!) ein. Sie sollten ausreichend Essen und Getränke mitbringen, da, außer dem Datum zur Anhörung, keine genauen Termine anberaumt waren. Täglich um acht Uhr morgens hätten sich alle für den Tag Geladenen am Flughafen einzufinden. Wer nicht erscheine, habe mit einer Vorführung durch die Polizei zu rechnen. Anwesend sei, neben der Polizei, eine Delegation Botschaftsangehöriger aus dem Senegal. ,Warum am Flughafen?', fragten sich alle Betroffenen. Das konnte doch nur bedeuten, dass dort schon ein Flugzeug für den Rücktransport bereit stand. Die Panik war riesig, einige wollten sogar in Frankreich oder Spanien untertauchen. Auch wir Helfer waren zutiefst verunsichert, konnten uns jedoch nicht vorstellen, dass die Betroffenen ohne ihren persönlichen Besitz abgeschoben würden. Mehrere Anwälte und der Flüchtlingsrat versprachen bei den Terminen in München vertreten zu sein.

Drei Tage vor dem ersten Termin kam die Entwarnung: Absage der ganzen Veranstaltung ,aus terminlichen Gründen'. Wie sich herausstellte, hatte die senegalesische Botschaft in Berlin keine Ahnung von der ganzen Aktion, was zu berechtigten Spekulationen über Initiator und Sinn des Ganzen führte.

Trotz des Lehrgangscharakters, den mein Anfangskurs hatte und dessen einzelne Schüler ich ein bisschen beschrieben habe, herrschte bei so unterschiedlichen Voraussetzungen der Teilnehmer alsbald eine große Fluktuation. Manche waren bei mir unterfordert, sie hatten ja schon eine – wie auch immer geartete – Schule besucht. Diese Leute schickte ich in Ingrids Kurs – wenn man schon das Glück hat, mit dem anderen Kursleiter verheiratet zu sein, ist es kein großes Problem, den Teilnehmer dort „abzuholen", wo er gerade steht. Andere wiederum waren bei Ingrid überfordert – sie kamen zu mir. Und relativ schnell hatte sich auch bei anfangs eher Lernunwilligen herumgesprochen, dass in Rassnach nun zu ganz konkreten Zeiten und regelmäßig Deutsch auf verschiedenen Niveaustufen unterrichtet wurde – und dass das den Teilnehmern auch Spaß machte, dass Fortschritte im Deutschen gemacht wurden, dass man dabei für einige Stunden seine Sorgen vergessen konnte. So unterrichtete ich in meinen „Hochzeiten" bis zu 15 Schüler – wie auch schon zu Anfang stets ohne irgendwelche Disziplinschwierigkeiten, stets mit Dankesbezeugungen.

Zudem erweiterte sich der Helferkreis in Rassnach. Eine ganz liebe und engagierte Frau war und ist Michelle. Sie erbot sich, nachdem sie den schon erwähnten Massire im Modegeschäft untergebracht hatte, die Asylbewerber wöchentlich einmal im Wortsinne im Sprechen zu unterrichten: „Quatschen mit Michelle", wie wir das flapsig bezeichneten. Ihr Zulauf war gewaltig – auch, weil sie bei aller teils durchaus angebrachten Skepsis gegenüber den Ausreden der Asylis ihnen liebevoll zugetan war. Und wie bei allen, die sich um Flüchtlinge kümmern, wurde sie immer mehr in das „Geschäft" hineingezogen – Fahrdienste, Behördengänge, Arbeitsvermittlung.... Als ersten brachte sie Mori, einen Quereinsteiger in meinen Alphabetisierungskurs, in eine Festanstellung. Von einem Bekannten, Pedro, hatte sie erfahren , dass eine Matratzenfabrik einen Arbeiter gebrauchen könnte – eine schwere, körperliche Arbeit mit „unchristlichen" Arbeitszeiten ab fünf Uhr morgens, ca. fünf km entfernt von Rassnach in einem kleinen Dorf. Sie organisierte den täglichen Transfer durch Pedro von der Unterkunft zur Arbeit, machte dem 37jährigen Senegalesen klar, dass dies garantiert seine einzige Chance sein werde – und abgesehen von einem mehrfachen Bandscheibenvorfall, der ihn außer Gefecht setzte, arbeitet Mori dort sehr zur Zufriedenheit von Arbeitgeber- und Kollegenseite.

Zusätzlich zu seiner Arbeit und dem regelmäßigen Unterricht bei mir nahm Mori gerne das Angebot von Johanna an mit ihm einmal wöchentlich bei sich zu Hause Lesen und Schreiben zu üben. Johanna ist eine bewundernswerte 72jährige Frau, die nach dem Tode ihres Mannes sich telefonisch bei uns gemeldet hatte um eine Spende für einen von uns initiierten Kleiderbasar abzugeben. Da sie eine sinnvolle Aufgabe suchte, übernahm sie gerne die zusätzliche Übung mit Mori, ungeachtet der Tatsache, dass Anwohner mit dem regelmäßigen Besuch eines Schwarzen in ihrem Viertel Probleme hatten.

Der vorhin erwähnte Pedro spielt in den Wintermonaten „Aufsicht", wenn die Asylis in einer Turnhalle Fußball spielen dürfen - eine nicht zu unterschätzende Aufgabe gerade in Rassnach, wo sich der örtliche Fußballverein weigert Asylbewerber aufzunehmen. Und gerade in einem Fußballverein könnten Freundschaften zwischen etwa Gleichaltrigen geschlossen werden, könnten Siege gemeinsam gefeiert werden, würde echte Integration vonstattengehen - diese Borniertheit (oder ist es Ausländerfeindlichkeit?) ist nicht zu überbieten. Vielleicht aber auch nicht verwunderlich in einer sehr katholisch geprägten Gemeinde, wo der örtliche Pfarrer sich nicht einmal nur im Geringsten um die Flüchtlinge gekümmert hat, der nie auch nur ansatzweise Hilfe angeboten hat, dem das Schicksal dieser Menschen allem Anschein nach völlig egal ist - hoch lebe die Nächstenliebe!

Aber zurück zu Erfreulicherem: Auch Pedros Frau Beate bot sich an, nachmittags zusätzlichen Sprachunterricht zu erteilen - und so differenzierten auch sie und Michelle und „quatschten" auf unterschiedlichem Niveau.

Der Hobbygastwirt Paul stellte zu Nichtöffnungszeiten sein Gasthaus für gemeinsame Abende mit Asylis und Helfern zur Verfügung, bewirtete uns zusammen mit seiner Frau und seinem Sohn. Es wurde gelegentlich auch gemeinsam gekocht, die entstehenden Unkosten wurden von allen Helfern gemeinsam getragen.

Als nach so einem Treffen auch Melanie sich einbringen wollte, bekam sie die Aufgabe, Demba, ebenfalls Senegalese, zusätzliche Übung beim Erlernen des Lesens und Schreibens zukommen zu lassen. Und wie bei allen anderen auch wurde mehr daraus: Fahrten zu Behörden und Arzt, Hilfe bei der Kommunikation mit dem Anwalt.... Der sehr willige Demba (seit fast zwei Jahren macht er einen 1-Euro-Job in einem Seniorenheim ca. 20 km entfernt, muss dabei oft stundenlang auf den Bus warten), der große Angst davor hat wieder zurückgeschickt zu werden, hat somit eine Anlaufstation.

Rita, die sich schon als Schulpatin engagiert hatte, versuchte, in Oberstätten wieder einen Kurs ins Leben zu rufen. Nachdem jedoch mittlerweile von der Agentur für Arbeit organisierte Kurse in Denkelstadt stattfanden, war der Zulauf zu gering und sie wechselte als freiwillige Deutschlehrerin in die Nachbargemeinde.

Die einzige positive Ausnahme aus der „offiziellen" katholischen Gemeinschaft bildet die Pfarrgemeinderatsvorsitzende Hannelore. Auf die

Anfrage hin, ob sie sich nicht um eine gerade in Rassnach angekommene afghanische Familie mit drei Kindern kümmern möchte, reagierte sie sofort mit größtem Engagement. Sie organisierte Kita- und Kindergartenplätze, hält Kontakt zur Lehrkraft des 7jährigen Mädchens, fährt mit der Familie zum Arzt, macht behördliche Erledigungen – auch wenn es speziell diese Familie ihr nicht gerade leicht macht.

Weitere Hilfe bekamen wir von Andrea, die ich bei einem gemeinsamen Weihnachtsmarktbesuch mit zwei Asylbewerbern kennenlernte. Sie stellte zunächst den Kontakt her zu einer Schreinerei, wo der 25jährige Papa (ein im Senegal durchaus gebräuchlicher Name!), der schon in seinem Heimatland als Schreiner gearbeitet hatte, später ein Praktikum machen durfte. Schon eine Woche später fuhren Andrea, Papa und ich gemeinsam zur Schreinerei. Dort zeigte Papa dem Betriebsinhaber voller Stolz auf seinem Smartphone abrufbare Fotos seiner Arbeiten. Bei der gemeinsamen Betriebsbesichtigung zeigte er sich zwar beeindruckt, war sich aber sehr sicher, die von ihm demnächst geforderten Leistungen erbringen zu können. Gegen alle Schwierigkeiten von Seiten der Ausländerbehörde im Landratsamt und mit Hilfe der bereits erwähnten Mitarbeiterin mit Migrationshintergrund in der Agentur für Arbeit bekam Papa zunächst einmal die Erlaubnis für ein einwöchiges Praktikum, das man eventuell verlängern könnte. Gott-sei-Dank nur eine Woche! Pünktlich war Papa, wie mir Andrea, die den Fahrdienst übernommen hatte, telefonisch berichtete, aber ansonsten zeigte sie sich nicht gerade euphorisch. Das Gespräch am Ende der Woche mit dem Schreinermeister war dann mehr als ernüchternd. Papa hatte sich die ganze Zeit als überragender Schreiner gefühlt, war jedoch mehr als großzügig mit Maßen und Schnittbreiten umgegangen, hatte es mit der Sauberkeit nicht sehr ernst genommen und hatte vor allem für Sicherheitsvorschriften ziemlich wenig übrig gehabt – Arbeiten an der Kreissäge bei gleichzeitigem Genießen der zugegebenermaßen hervorragenden Aussicht war für ihn kein Problem gewesen, für den Betriebsinhaber aber sehr wohl: Noch nie in seinem Leben habe er so viel Blut und Wasser geschwitzt, so seine Aussage. Die zwei weiteren zu einem späteren Zeitpunkt angedachten Praktikumswochen waren damit hinfällig. Bei einem anderen Treffen erklärte Andrea sich bereit, meine „Ersatzlehrerin" zu spielen, eine mutige Entscheidung für jemanden, der noch nie unterrichtet hatte. Ich konnte somit ab sofort auch wieder meine geliebten Kurztrips zum Radfahren oder Wandern unternehmen – ein Stück Unabhängigkeit wurde mir zurückgegeben, ich wusste „meine" Asylis ja bestens versorgt.

Durch Andrea kam auch der Kontakt zu Marianne zustande, einer pensionierten Lehrerin.

Alles andere als kerngesund, opfert sie ihre „gute" Zeit Dawit. Dawit ist ein orthodoxer Christ, der in finanziell eigentlich guten Verhältnissen in Äthiopien aufgewachsen ist und gelebt hat. Auf Grund seiner Religionszugehörikeit – Christen werden in Äthiopien massiv verfolgt und inhaftiert – floh er nach Deutschland. Sein Vater war kurz vorher nach wiederholter längerer Haft an deren Folgen verstorben. Dawit ist recht intelligent, hat seinen Highschool-Abschluss in Äthiopien gemacht, ist immer lernwillig und die Gutmütigkeit in Person. Nach einem Praktikum in der hiesigen Bäckerei wurde er dort wegen seines Geschicks, seiner zügigen Arbeitsweise und seiner Zuverlässigkeit zunächst für ein halbes Jahr als Helfer angestellt. Mit seinen 34 Jahren wagte er dann im August 2016 die Aufnahme einer Bäckerlehre und zeigt in Schule und Betrieb größte Anstrengungsbereitschaft. Mindestens einmal pro Woche kommt nun Dawit zu Marianne, die mit ihm Deutsch und Fachrechnen paukt. Das, so sagt sie, tue sowohl ihm als auch ihr gut. Zusätzlich besucht er den Deutschkurs von Ingrid, die diesen wegen seiner Arbeitszeiten auf den Sonntagvormittag gelegt hat und ihm auch außer der Reihe jederzeit behilflich ist.

Die schon erwähnte Michelle ist neben meiner Ehefrau Ingrid wohl die Person, die sich am meisten in die Arbeit mit den Asylbewerbern einbringt – zunächst „nur" als Ehrenamtliche, später auch als Teilzeitkraft in der örtlichen Gemeinde und im organisierten Netzwerk als Ansprechpartner für freiwillige Sprachlehrer. Sie war zur Stelle, wann immer man sie brauchte: Fahrten zu einem Arzt oder zu einer Behörde, Rekrutieren von Ausbildungs- und Arbeitsstellen, und, und, und…. Und sie hat zwei unbestreitbare Vorteile: zum einen ist sie – im Gegensatz zu Ingrid und mir – per „What's-App" mit den Asylis vernetzt (wir sind ganz altherkömmlich lediglich per Telefon erreichbar), zum anderen zeigt sie – auch wenn wir uns bei der diesbezüglichen Schelte absolut einig sind - bei Behörden mehr Langmut. Ich jedenfalls weigere mich mittlerweile mit der örtlichen Ausländerbehörde noch irgendwie zu kommunizieren – das geht über meine nervlichen Kräfte, wie auch aus dem folgenden Leserbrief hervorgeht.

Ich mag nicht mehr!

Seit anderthalb Jahren bin ich ehrenamtlicher Deutschlehrer für Asylbewerber in R. Dabei beschränkt sich meine Tätigkeit nicht nur auf das Unterrichten, man wird automatisch zur Anlaufstelle für die Flüchtlinge und erledigt somit bereitwillig und gerne Aufgaben wie Krankentransport, Ausfüllen von Formularen, Behördengänge, Kontakte Herstellen zu Betrieben, Organisieren eines Kleiderbasars und, und, und …. Nervlich angeschlagen, habe ich mir zu Beginn des Ehrenamtes geschworen, aufzuhören, wenn es mich zu sehr aufregt - dieser Punkt ist nun nach vielen schlaflosen Nächten erreicht!

Der Grund hierfür sind nicht die Asylbewerber – bis auf ganz wenige Enttäuschungen war ich immer umgeben von äußerst lernwilligen, hilfsbereiten, höflichen und dankbaren Menschen. Nicht ein einziges Mal konnte meine auch weiterhin unterrichtende Frau frauenfeindliches Verhalten ihr gegenüber feststellen – Händeschütteln und Frauen den Vortritt lassen wurde anfangs erwähnt und dann stets praktiziert.

Der Grund für mein öffentlichkeitswirksames Aufhören ist vor allem der unsägliche Ärger mit der oder über die Ausländerbehörde des Land-

ratsamtes, deren Arbeitsüberlastung zwar ge-
betsmühlenartig vom Landrat betont wird, deren Gebaren aber in Gesprächen mit Unbeteiligten stets nur ein Kopfschütteln, ein „Das gibt's
doch nicht!" hervorrufen.

Wie kann es denn sein, dass im Landkreis R.
eine Asylbewerberin, nachdem sie einen anderen leicht verletzt hat, sofort in eine andere Unterkunft verlegt wird, in R. aber, wo ein Asylbewerber, der schon mehrmals andere krankenhausreif verletzt hatte, dies auf Bitten und
Drängen erst nach über 5 Wochen möglich war?
5 Wochen lang ließen wir deshalb einen jungen,
unbeteiligten afrikanischen Zimmergenossen,
der von eben diesem Aggressor bereits einmal
ohne Grund krankenhausreif geschlagen worden war, zu seinem Schutz in unserem Hause
wohnen – für diese Zeit bekommt aber weiter
der Unterkunftsbetreiber den vollen Tagessatz!

Wie kann es sein, dass mein Antrag an den Be-
hördenleiter, dem Betreiber der Unterkunft in
R. für die Zeit der Unbewohnbarkeit eines
Zimmers die Tagessätze für die beiden Bewohner nicht zu bezahlen, in einem Antwortschrei-
ben nicht einmal erwähnt wurde? Der oben erwähnte Angreifer hatte im Anschluss an die
gewalttätige Auseinandersetzung das Dreibettzimmer verwüstet und dabei unter anderem

auch das Fenster zertrümmert (ballgroßes Loch, Außentemperatur ca. 10 Grad). Nach 18 (!) Tagen erst wurde das Fenster repariert. Auf zügige Wiederherstellung der Bewohnbarkeit des Zimmers angesprochen, kam übrigens die lapidare Antwort des „Lizenzinhabers zum Gelddrucken": „Die sollen halt ein Handtuch reinstopfen oder eine Folie drüberkleben – die Heizung funktioniert ja!"

Der Betreiber hat für die Bewohnbarkeit zu sorgen. Muss dann der Steuerzahler auch noch für die Nichterbringung von Minimalleistungen geradestehen? Ich hatte gebeten, bei Kompetenzüberschreitung diesen Antrag an den Landrat oder den Kreistag weiterzuleiten, was offenbar nicht geschehen ist – hiermit tue ich es per Leserbrief!

Um es dem Leser einmal zu verdeutlichen: Ca. 20 € pro Person und Tag erhält der Betreiber der hiesigen Asylunterkünfte meines Wissens nach. Besuchen Sie einmal einen Asylbewerber und sehen Sie, was er für 600 € Warmmiete (ohne Verpflegung) an Steuergeldern im Monat geboten bekommt! 1.800 € für ein schäbig möbliertes Dreibettzimmer sind da schon mal drin! Bei zwei Unterkünften in O. und R. mit ca. 110 Bewohnern dürfte also alleine dieser Betreiber für seine hiesigen Gebäude 60.000 bis 70.000 € im

Monat erhalten Der Asylbewerber selbst erhält 325 € - keine Frage, das reicht. Die Unterkunft aber kostet fast das Doppelte!

Und wie kann es sein, dass diese Woche die Leiterin des Amtes für Asyl und Migration in S. in einem Zeitungsinterview erklärt, dass Asylbewerber nach 15 Monaten eine Krankenversicherungskarte erhalten können, wir aber von den „Fachleuten" der Ausländerbehörde darüber nicht informiert werden? Diese Karte brächte Erleichterung für die ach so überlastete Behörde sowie vor allem aber auch für die Ehrenamtlichen, die kranke Flüchtlinge vor einem hausärztlich angeordneten Facharztbesuch zuerst im Landratsamt noch in einem Zimmer anmelden, dann vom Amtsarzt begutachten lassen sowie danach im vorherigen Zimmer wieder die Erlaubnis abholen müssen. „Ohne Ehrenamtliche würde das Ganze nicht funktionieren!", betont der Landrat immer wieder.

Der Annahme, dass Ehrenamtliche auf Grund ihres Engagements sowieso funktionieren, will ich nicht mehr Genüge leisten, und zusammen mit den oben beschriebenen Missständen bringt mich dies zu meinem letzten „Aufreger" in dieser Sache. Um ein paar liebgewonnene Asylbewerber werde ich mich auch weiterhin bemühen, bis sie auf eigenen Füßen stehen können –

ansonsten bin ich, wie auch schon andere vor mir zutiefst frustriert „raus aus der Sache".

Auch auf diesen Leserbrief hin bekam ich wieder Anrufe, in denen mir ähnliche Erfahrungen geschildert wurden und die mich emotional aufbauten.

Zwei Anmerkungen noch:

Wegen der beiden Lehrlinge aus Mali habe ich auch einige Male mit der Ausländerbehörde im Nachbarlandkreis zu tun (gehabt) und ich durfte Gott-sei-Dank feststellen, dass es anderswo wesentlich menschlicher und zügiger zugeht. Auch dort kann sich niemand über Gesetze und Erlasse hinwegsetzen – es kommt halt auf das „Wie" an.

Eine Folge des Leserbriefs war, dass mich der Betreiber der Unterkunft anrief und mir mündlich Hausverbot erteilte. Zunächst regte ich mich richtig darüber auf, bei näherer Überlegung stellte ich mir dann aber die Frage: „Mit welcher Dreistigkeit glaubt ein Vermieter sich erlauben zu können, seinen Bewohnern Besuche zu verbieten? Ist das Asylbewerberheim ein Gefängnis und er der Leiter?" Und so habe ich nach ein paar Tagen die Unterkunft wieder betreten wie vorher auch – bei den wenigen

Stunden, in denen Hausmeister oder Betreiber im Haus anwesend sind, ist das bis dato noch nicht einmal aufgefallen! Und sollte der Betreiber dieses Büchlein lesen – was ich sehr bezweifle –, so weiß er wenigstens jetzt Bescheid.

Was uns letztendlich bewog dieses Buch zu schreiben, war ein Interview in der örtlichen Presse mit dem hiesigen Landrat. Es war in der Neujahrsausgabe abgedruckt und enthielt unter anderem folgende Mitteilung: Der Landrat informierte den Kreistag darüber, dass am 14. Dezember 2016 ein Flugzeug mit 34 Afghanen, darunter auch ursprünglich fünf in unserem Landkreis ansässige Flüchtlinge, nach Kabul abgeschoben worden waren. Einer entzog sich der Abschiebung, indem er untertauchte, ein Weiterer flüchtete über den Balkon einer Wohnung und verletzte sich dermaßen, dass er ins Krankenhaus eingeliefert werden musste. Es stellte sich Gott-sei-Dank heraus, dass er transportunfähig war.

Das Unbegreifliche an der ganzen Geschichte aber war, dass der CSU-Kreisrat applaudierte, als der Landrat die Abschiebung der Afghanen verkündete.

Zutiefst entrüstet über diese Reaktion schrieb ich folgenden Leserbrief:

Denk ich an Bayern in der Nacht.....

Entsetzt, aber nicht sehr verwundert, war ich, als ich las, dass die CSU im Kreistag mit Applaus auf die Bekanntgabe des Landrats reagierte, dass im Rahmen einer Sammelabschiebung am 14. Dezember nach Afghanistan auch drei Asylbewerber aus unserem Landkreis Deutschland verlassen mussten.

Wie viel Menschenverachtung und Ignoranz politischer Gegebenheiten spricht aus diesem Verhalten? Will oder kann die CSU, allen voran Herr Seehofer, die Lage in Afghanistan nicht richtig einschätzen?

Warnt nicht das Auswärtige Amt dringend vor Reisen nach Afghanistan wegen Gefährdung durch terroristisch oder kriminell motivierte Gewaltakte? Im ganzen Land besteht demnach ein hohes Risiko Opfer eines Gewaltverbrechens zu werden.

Auch der Deutsche Flüchtlingsrat, Amnesty International sowie andere nationale und internationale Organisationen wissen um die bedrohliche Lage in diesem Land, vor allem für rückgeführte Flüchtlinge.

Zur Information: Die deutsche Regierung ignoriert, dass in Afghanistan immer noch massive Kampfhandlungen, Verletzung von Menschenrechten und die besondere Gefährdung von Frauen und Kindern an der Tagesordnung sind. Allein im 1. Halbjahr 2016 gab es über 1.600 Tote und mehr als 3.500 Verletzte unter der afghanischen Zivilbevölkerung!

Laut renommierten Friedensforschungsinstituten gehört Afghanistan zu den Top 5 der intensivsten Konfliktherde weltweit.

Deutschland nimmt jedoch billigend Tod durch Terror und menschenunwürdige Lebensumstände der Deportierten in Kauf. Andere EU-Länder beteiligen sich – meines Wissens - nicht an den geplanten Sammelabschiebungen. Auch sechs deutsche Bundesländer sehen keine rechtlich sichere Grundlage dieser Praxis. So appellieren Brandenburg, Bremen, Berlin, Niedersachsen, Rheinland-Pfalz, Thüringen und Schleswig Holstein an die restlichen Bundesländer, von den geplanten Sammelabschiebungen Abstand zu nehmen. Besonders aktiv gebärden sich Bayern und Hamburg und scheuen sich auch nicht psychisch und physisch Kranke möglichst schnell in ein Flugzeug nach Afghanistan zu setzen.

So kann die ‚Flüchtlingskrise' aber nicht gemeistert werden.

Anhörungen beim BAMF, die gesetzlich für jeden Flüchtling vorgeschrieben sind, werden im Akkord abgearbeitet. Dabei fehlt es in jeder Hinsicht an der notwendigen Sorgfalt: Anhörer und Entscheider sind verschiedene Personen und nur noch mangelhaft geschult. Drei bis fünf Wochen Ausbildung für diesen ‚Job' genügen inzwischen. Der Entscheider kennt den Asylbewerber nicht persönlich und verlässt sich auf das Urteil des Anhörers. Dolmetscher verfügen nicht über die nötigen Voraussetzungen für ihre Arbeit, sprechen die Muttersprachen der Flüchtlinge teilweise nur unzureichend und so kommt es bei den sog. Interviews häufig zu Missverständnissen, die zwangsläufig gegen die Asylbewerber ausgelegt werden.

Jeder, der sich bemüht, Flüchtlingen in irgendeiner Weise im deutschen Behördendschungel, durch Sprachunterricht, bei Job- oder Ausbildungssuche etc. zu helfen, weiß, wovon ich spreche. Wir (Freiwillige) sind vor Ort dabei und erleben hautnah und machtlos diese unmögliche Praxis. Besonders Bayern legt Bundesgesetz nach eigenem Gutdünken aus, auch im Falle dieser Massenabschiebungen.

Afghanen bilden die zweitgrößte Flüchtlingsgruppe in Deutschland, 12.500 sind momentan als ausreisepflichtig eingestuft. Wenn man da jeden Monat ein Flugzeug mit etwa 50 Leuten bestückt, dann ist das Flüchtlingsproblem in Deutschland doch schnellstens gelöst, oder??

Auch mir ist bewusst, dass nicht alle Asylbewerber in Deutschland eine dauerhafte Bleibe finden können. Aber wo stichhaltige Gründe vorliegen, Asyl zu gewähren, darf dieses Recht nicht verweigert werden.

Den CSU-Kreisräten wünsche ich für 2017 weiterhin ein gutes Gewissen bei öffentlichen Beifallskundgebungen dieser Art. Mögen sie nicht um den Schlaf gebracht werden, wie manch in der Flüchtlingspolitik engagierte Mitbürger.

Und: Wer muss sich denn mit Bayerns allmächtiger CSU im Rücken schämen, wenn er humanitäre Werte mit Füßen tritt?

Die unqualifizierte Antwort eines FDP-Ehrenvorsitzenden aus D. hierauf löste ein großes Feedback von Seiten der Zeitungsleser aus. An dieser Stelle vielen Dank an ihn! Ganz viele Leute, nicht nur aus sogenannten Helferkreisen für Asylbewerber, riefen an, schrieben Briefe oder reagierten per E-Mail: Sie alle bedankten sich, ich hatte ihnen aus der Seele gesprochen und Mut gemacht, gegen vorherrschende Meinung anzugehen.

Gerade haben wir eine Petition an die Bundeskanzlerin unterschrieben. Afghanistan ist nicht, wie Herr de Maiziere es gerne sähe, als sicheres Herkunftsland einzustufen. Welches (korrupte) Land würde sich weigern, wenn ihm Millionen Euro in Aussicht gestellt würden, seine ehemaligen Flüchtlinge wiederaufzunehmen? Kabul platzt sowieso aus allen Nähten (keiner kennt mehr auch nur annähernde Einwohnerzahlen), da kommt es auf ein paar tausend mehr Bewohner mit Sicherheit nicht an. Eine Zukunft in Elend und Gefahr dagegen ist ihnen sicher.

Nur wer großes Gottvertrauen hat, kann angesichts dieser Entwicklung noch ruhig schlafen und sogar Beifall spenden.

Was ich noch zu sagen hätte...

Unser erster Besuch in der Unterkunft in Oberstätten verlief etwas überraschend. Wir hatten uns mit Franziska verabredet um ihrem Unterricht beizuwohnen und vor allem um uns ihrer ‚Klientel' vorzustellen. Das hatten wir auch bei Elfriede gemacht, bei ‚Dr. Manuel' war es ebenso geplant. Wir trafen uns also mit Franziska im Hof der Unterkunft und wollten diese gerade über eine Außentreppe betreten, als uns ein harsches „Wer sind Sie und was wollen Sie da?" zunächst zurückhielt. Franziska erklärte, dass wir die neuen Deutschlehrer seien und so konnten wir, trotz eines ‚Unbefugten-Betreten-verboten'-Schildes passieren. Der erste Eindruck des Mannes der Hausmeisterin war denkbar schlecht, wir aber vorurteilsfrei, um nicht zu sagen blauäugig. Sowohl die Hausmeisterin - wegen ihres für Asylbewerber ungewohnten Namens ‚Mama' genannt - als auch ihr Mann (keiner der Asylbewerber wusste, wie er hieß), waren alles andere als beliebt. In den folgenden Monaten fanden wir heraus, dass sie den Bewohnern nicht gerade wohlgesonnen waren. Selbst in unserem Beisein ließen sie ihren Unmut nicht selten an den ‚Asylis' aus.

Nachdem ich zunächst einmal als ‚Bindeglied' zwischen dem Hausmeisterehepaar und den Bewohnern Fuß gefasst hatte, hieß es schon bald: ‚Sagen Sie denen, dass...', ‚Erklären Sie ihnen, wie man ......', ‚Sie müssen denen klarmachen, dass......', ‚Sie müssen gleich in die Unterkunft kommen, weil…...'.

Häufig erhielt ich entsprechende Anrufe, auch vom Vermieter (höflich hatte ich mich bei Gelegenheit auch bei ihm vorgestellt), und wenn es in meiner Macht lag, versuchte ich auch zu vermitteln. Plötzlich fiel ich aber in Ungnade, als ich wiederholt die Bitte äußerte, Aboubacar und Mahanta aus dem Senegal, die im Vergnügungspark Arbeit bekommen hatten, von Oberstätten nach Rassnach zu verlegen. Es wäre viel einfacher gewesen, von Rassnach eine Mitfahrgelegenheit zu bekommen, und außerdem waren hier inzwischen einige Betten bzw. Zimmer frei geworden.

Im Frühsommer 2016 stürmte ‚Mamas‘ Mann plötzlich durch die zum Lüften offene Terrassentür in meinen Unterricht und wollte wissen, wo ‚der Kleene‘ ist. Obwohl er täglich in den Unterkünften in Oberstätten und Rassnach zugegen ist, interessieren ihn die Namen der Asylbewerber wenig. Was er eigentlich wollte, wusste ich nicht so genau, bat ihn aber nochmal um eine Verlegung der beiden Senegalesen. Da rastete er vollkommen aus und schrie mich nur noch an. Meine Asylis saßen mit offenen Mündern dabei, als ich den mir körperlich weit überlegenen Mann zur Terrassentür schob und ihm diese vor der Nase zuknallte. Meine Schüler wissen, dass ich eine Engelsgeduld ihnen gegenüber aufbringe, und waren deshalb mehr als überrascht von meinem Gefühlsausbruch. Ich brauchte auch etliche Minuten um mich wieder zu beruhigen und machte in dieser Zeit meinem Unmut über die sogenannte ‚Mama‘ und deren Mann Luft. Die gleichen negativen Erfahrungen der Asylbewerber mit dem Hausmeisterehepaar bauten mich schnell wieder auf, schließlich verbindet ein gemeinsamer ‚Feind‘.

Der ‚Kleene‘ war übrigens gerade in Denkelstadt, um sich ein Zimmer anzuschauen. Als einer der ersten Eritreer hatte er seinen Pass bekommen und wollte sich so schnell wie möglich der ‚Obhut‘ der Hausmeister entziehen.

Bevor es zum Bruch mit den beiden kam, trug sich noch folgende Geschichte zu: Am Morgen, nachdem Taher in Oberstätten unter Alkoholeinfluss einige Fenster und eine Zimmertür demoliert hatte, fand mein Unterricht ausnahmsweise in Oberstätten statt, da unser Schulzimmer in Rassnach anderweitig gebraucht wurde. Natürlich waren die Ereignisse der vergangenen Nacht ein Thema und es dauerte auch nicht lange, bis sowohl ‚Mama‘, als auch ihr Mann im Gemeinschaftsraum auftauchten. Noch weniger lang dauerte es, bis ‚Mamas‘ Mann einen Rundumschlag gegen sämtliche Asylbewerber losließ. An diesem Tag unterrichtete ich meine ‚Elite‘ und konnte das nicht unkommentiert auf ihnen sitzen lassen. Im Brustton der Überzeugung verkündete ich, dass ich für die hier anwesenden Leute meine Hand ins Feuer legen würde. Unter meinen Schülern war auch Mohammed aus Jordanien, der ‚Mann mit den zwei Gesichtern‘. Heute bin ich dankbar, dass meine beiden Hände noch ihre vollkommene Funktionsfähigkeit besitzen.

Eine andere Episode: Eines Tages kam Osman mit einem Baguette-Rohling in den Unterricht und fragte, ob er diesen in unserer ‚Schule‘, die ja eigentlich Küche ist, aufbacken könne. Meine erste Vermutung: Er war zu spät aufgestanden, ohne Frühstück zum Unterricht gekommen und jetzt einfach hungrig. Weit gefehlt: Er hatte den Rohling vor einiger Zeit im Supermarkt gekauft. Inzwischen war die Mindesthaltbarkeit fast abgelaufen. Einer der zwei (!) Backöfen für insgesamt ca. 60 Bewohner in der Unterkunft in Oberstätten war kaputt, und so hatte Osman Angst, das Brot könnte schlecht werden. Leider funktionierte auch der Backofen in ‚unserer‘ Küche nicht und ich riet ihm, es in der Unterkunft in Rassnach zu versuchen. Natürlich nahm ich sofort zu ‚Mama‘ Kontakt auf, noch brauchte sie mich, sie wusste auch Bescheid. Schuld waren wie immer die Flüchtlinge, die ‚sowieso alles (vorsätzlich) kaputt machen‘. An dieser Stelle sei vermerkt, dass es auch unter Asylbewerbern Chaoten und schwarze Schafe gibt. Müssen aber darunter die überwiegend guten, anständigen Leute leiden? Auf alle Fälle erfuhr ich, dass bereits vor Wochen ein neuer Schalter (!) für den (uralten) Herd bestellt worden sei, die Lieferung sich aber schwierig gestalte. Noch einmal muss erwähnt werden, dass der Betreiber der Unterkünfte in Rassnach und Oberstätten (nicht seine einzigen Häuser) pro Kopf und Tag 20 € erhält, in der Kreisstadt Denkelstadt werden dafür sogar bis zu 27 € bezahlt. Das sind Gelder, die auf dem freien Wohnungsmarkt nie zu erzielen wären, jedoch mit Steuergeldern, ohne mit der Wimper zu zucken, bezahlt werden. Hier müssten ortsübliche, anderweitig geforderte ‚Obergrenzen' eingeführt werden, die diesem Spekulantentum ein Ende bereiten, steht die Qualität der Unterkünfte doch in keinem Verhältnis zu den bezahlten Geldern, die eigentlich auf Luxusimmobilienniveau angesiedelt sind.

Vor ein paar Tagen holte ich in Oberstätten einen Eritreer ab um mit ihm ein Zimmer in Denkelstadt anzuschauen. Zufällig kam gerade auch der Vermieter mit seinen ‚Kulis'. Wieder wurde mein Gruß nicht erwidert. Am Nachmittag teilte mir Sebastian von der Caritas mit, ‚Mama' hätte ihn angerufen und er solle mir sagen, dass ich auch Hausverbot in den Unterkünften habe. Bisher war es nur gegen Werner mündlich ausgesprochen. Man sieht also: Sippenhaft existiert auch in Deutschland. Genau wie Werner ignoriere ich mein Hausverbot, brauchen doch die Flüchtlinge jede Hilfe, die sie bekommen können.

Die vorangegangene Aufzählung der Helfer und ihrer Aktivitäten zeigt leider ein verzerrtes Bild der hiesigen Gemeinde. Zwar stellte der erwähnte Wirt seine Küche für ein gemeinsames Kochen zur Verfügung und leitete dessen Ehefrau als Mitglied der Wasserwacht einen Schwimmkurs für Asylbewerber, zwar spendete eine Fraueninitiative Geld für Unterrichtsmaterial und überließ uns eine Geschäftsfrau kostenlos Hefte, Blöcke, Mäppchen, Bleistifte usw. – ansonsten aber war richtig zu beobachten, wie der Rest der Gemeinde froh war, dass ein paar wenige bereit waren sich um die Asylbewerber zu kümmern (so gab es wenigstens fast keine Probleme!), selbst aber blieb man in Deckung und scherte sich herzlich wenig um die Flüchtlinge. Übergesprungen ist der Funke bis jetzt nicht! Lediglich die Laufgruppe zeigte sich bereit Asylbewerber in ihren Verein zu integrieren – beschämend für eine 7500-Seelen-Gemeinde! Beschämend ist auch die Tatsache, dass kaum ein Politiker sich dazu „herabgelassen" hat, die Asylbewerber in ihrer Unterkunft zu besuchen. Wenn es auch nicht ihre Wähler sind – Verantwortung dafür haben sie allemal. Aber das Durchschneiden von Absperrbändern zur Einweihung einer neuen Ortsumgehung ist offensichtlich werbewirksamer als das Abgelichtetwerden in weniger vorzeigbaren Häusern, umgeben von „dunklen Gestalten".

Ein kleiner Hoffnungsschimmer ist die Tatsache, dass Michelle jetzt eine „Offizielle" ist und ein Sprachcafé oder ähnliches ins Leben rufen will. Uns scheint die Anzahl (30!) der Mitglieder im Helferkeis, die von ihr und dem örtlichen Bürgermeister zuletzt genannt wurde, etwas hoch gegriffen, jedoch dass endlich – wenn auch nur sehr wenige – junge deutsche Mitbürger den Weg zu einer Informationsveranstaltung zum Thema Asyl gefunden haben, ist der berühmte helle Streif am Horizont.

Alle hier in Deutschland, die sich in irgendeiner Art um Flüchtlinge bemühen, sind keine „Helden", wie ich es einmal vernehmen konnte. Aus der Komfortzone heraus engagieren wir uns für Menschen, die unsere Hilfe benötigen. Wir gehen dabei keinerlei Gefahren ein. Unser einziges Risiko ist es von manchen anderen vielleicht schief angeschaut zu werden, belächelt und als „Gutmenschen" bezeichnet zu werden. Wir leben satt in unseren Wohnungen und Häusern, fahren trotzdem in den Urlaub, gehen unseren gewohnten Aktivitäten nach. Alles, was wir tun, ist den geflüchteten Menschen einen Teil unserer übrigen Zeit zu schenken und wir machen dabei Erfahrungen, die wir sonst nie gemacht hätten.

Nie hätten wir uns vorstellen können, wie entscheidend es ist, wer in einer Behörde das Sagen hat. Dass die eine Ausländerbehörde fast wöchentlich die Unterkünfte kontrolliert, während die nächste auch auf Drängen nicht zu einem Ortstermin bereit ist, dass eine Ausländerbehörde einen Asylbewerber umziehen lässt, weil nur dadurch eine regelmäßige Teilnahme an einer Beschulung möglich ist, die andere sich aber stur stellt

Nie hätten wir uns vorstellen können – wie schon angeklungen –, dass nicht zu vertretende Unmengen von Steuergeldern für die Unterbringung von Flüchtlingen an Unterkunftsbetreiber bezahlt werden, die billigste Gebrauchtmöbel in die Zimmer alter Wirtshäuser etc. stellen und den „Restraum" mit Personen auffüllen. „Kriegsgewinnler", die durch die Notlage anderer reich werden, kannten wir bis dato nur aus Erzählungen unserer Eltern!

Nie hätten wir uns vorstellen können, dass deutsche Politiker Flüchtlinge in ein Land wie Afghanistan zurückschicken, während die eigenen Bürger vor der Reise in dieses Land dringendst gewarnt werden. Das unterteilt Menschen in „Schutzwürdige" und „Nicht-Schutzwürdige" und ist ethisch nicht vertretbar!!!!

Obwohl wir uns dessen bewusst sind, dass nicht alle Flüchtlinge in Deutschland bleiben werden können, dass viele nie mehr als einen Helferjob bekommen werden, können diese Menschen mit dem hier erlangten Wissen und den erlernten Fähigkeiten beim Zurückkehren in ihre Heimat dort beim Aufbau einer besseren und sicheren Zukunft mithelfen. Nie werden wir deshalb müde werden ihnen vom Nachkriegsdeutschland zu erzählen und damit Mut für die Zukunft ihres Landes zu machen,

Wir lernten und lernen über dieses Engagement auch Mitbürger kennen, die nicht darauf schauen, ob ein Nachbar den Hals reckt, wenn ein Farbiger zu Besuch kommt, die nicht nur einen „Mia-samma-mia"-Horizont haben, die etwas freier denken und sogenannte christliche Werte nicht litaneimäßig herunterbeten, sondern sie leben – egal, ob sie nun Kirchenmitglieder sind oder nicht.

Und wir wurden beschenkt von den allermeisten der Flüchtlinge. Die immerwährende Freundlichkeit, die immerwährende Dankbarkeit, die Erfolge, die gemeinsam erzielt wurden: Alleine das Wissen, dass wir einigen wenigen dazu verhelfen konnten sich in einem sicheren Land, in dem keine Hungersnot herrscht, eine Existenz aufzubauen, dass wir trotz ihrer Perspektivlosigkeit vielen einige Stunden ihr Leid vergessen lassen konnten - die Erinnerung daran wird uns bis an unser Lebensende bereichern. Und was wir schon zu Beginn für sie empfunden hatten, hat sich im Laufe der Zeit noch gesteigert: der **Respekt!**

Im Laufe der ca. zwei Jahre, über die wir berichteten, hatten wir natürlich mit weitaus mehr Flüchtlingen zu tun als den hier beschriebenen. Wie es halt so ist im Leben: es gibt stets einige, die – warum auch immer – mehr auffallen, mehr Bedarf an Zuwendung haben usw.. Die vielen anderen, die eher Unauffälligen, haben wir genau so ins Herz geschlossen, sie gaben aber zum Erzählen weniger her. Insofern möge der geneigte Leser auch bedenken, dass die „problematischen" Flüchtlinge hier überproportional vertreten sind.

Anhang

Wir wollen aus der Arbeit mit den Asylbewerbern keinerlei Gewinn erwirtschaften. Deshalb soll der Reinerlös aus dem Verkauf dieses Buches einen Beitrag dazu leisten Fluchtursachen zu bekämpfen. Mit dem als gemeinnützig anerkannten Verein „Hakuna Matata – Dingolfing für Kenia e. V.", über den wir schon einige Schulpatenschaften übernommen haben, glauben wir einen würdigen Adressaten gefunden zu haben. Rein ehrenamtlich und ohne Verwaltungsaufwand wird in diesem Verein eine der ärmsten Regionen Kenias nachhaltig gefördert, eben zum Beispiel durch Übernahme von Kosten für Schulbesuche, durch Bauen von Brunnen etc.

Mehr Informationen unter

www.hakunamatata-dgf.de

Zeitfracht Medien GmbH
Ferdinand-Jühlke-Straße 7
99095 Erfurt, Deutschland
produktsicherheit@kolibri360.de